정치의 정석(3)

당신이 대한민국이고
대한민국이 당신입니다

국민은 만점, 정치는 낙제점

목차

프롤로그 ………………………………………………… 7
추천사 정세균 제46대 대한민국 국무총리 …………………… 11

제 1장 대한민국민주주의공화국의 탄생 ………………… 15
제 2장 피폐함속에서 후손만을 생각한 국민 ……………… 21
제 3장 새마을운동으로 빈곤을 극복하다 ………………… 41
제 4장 기회를 놓치지 않은 대한민국 ……………………… 49
제 5장 세계 10대 경제부국, 세계 5대 국방강국
        어떻게 발전시킬 것인가 …………………………… 61
제 6장 존경했던 대통령, 존경하는 대통령 ………………… 79
제 7장 차기 대통령의 우선 과제 …………………………… 113
제 8장 국민의 정치 인식도는 민주주의 정치와 비례한다 … 205
제 9장 우리에게 필요한 대통령 …………………………… 227
제10장 국회가 살아야 국민이 산다 ………………………… 247
제11장 언론이 깨어나야 국민이 산다 ……………………… 283
제12장 주인이 주인다운 주인 ……………………………… 301

에필로그 ………………………………………………… 309

프롤로그

논어(論語) 위정편(爲政篇) 종심소욕불유구(從心所慾不踰矩) 마음이 하고자 하는 대로 하더라도 법도(法道)를 넘어서거나 어긋나지 않았다. 라는 뜻으로 나이 70을 종심(從心)이라 하고 있습니다.

세기의 석학(碩學)으로 추앙 받는 공자(孔子)가 자신의 목숨이 걸린, 구멍이 아홉개인 구슬에 실을 꿰어야 하는 문제에 봉착하여 한 여성에게 밀의사(蜜蟻絲 꿀,개미,실) 힌트를 얻어 개미 뒷다리에 명주실을 묶어 놓고 구슬구멍에 꿀을 발라, 개미가 아홉개 구멍에 구슬을 꿰어 목숨을 건지게 되었는데, 공자는 왜 구멍이 다섯도 일곱도 아닌, 아홉 개 뚫린 구슬을 자신에게 준 이유를 나이 70이 되어서야 비로소 그 이치를 깨달았다 합니다.

인생이란 아홉개의 구멍을 가지고 태어나는데 두 눈은 모든 사물을 바로 보라는 것이고 두 귀는 바로 들으라는 것이고 두 코는 냄새를 제대로 감지하라는 것이고 입은 먹을것, 먹지 않을 것을 가려서 먹으라는 것이며 진실되게 말하라는 것이고 , 소변, 대변은 정해진 자리에 정갈하게 하라는 이치를 70이 되어 깨달으면서 이 아홉가지를 막힘없이 살아가는 것이 인간의 기본이고 하늘의 도리(道理)임을 깨닫게 된 공자는 70이 넘어서는 자신이 마음 내키는 대로 행동을 해도 규범에 어긋나는 일이 없었다는 것 입니다.

예수 그리스도의 가르침과 행적, 교훈(복음서)인 신약성경은 제자들이 없었다면 존재하지 않았을 것이며 예수 그리스도의 위대함도 전해지지 않았을 것입니다. 석가모니 제자들이 팔만대장경 등 경전을 기록하지 않았다면 석가모니의 위대함도 전해지지 않았을 것이고 공자의 제자들이 없었다면 그 위대함의 공통점인 백성을 사랑하는 마음은 우리에게 전해지지 않았을 것입니다.

필자는 정치에 관심이 많은 당원을 비롯하여 나라를 걱정하는 많은 사람과 교류하면서 그 친구들이 정당에게 바라는 것, 국가에 바라는 것, 국민이 하여야 할 것에 대한 다양한 생각을 종심(從心)의 마음가짐으로 객관적으로 그 친구들 생각의 공통점을 정리하여 널리 알리고픈 마음으로 이 책을 쓰게 되었습니다.

이책은

대한민국을 사랑하는 필자의 친구들이 쓴 책 입니다.

추천사

대한민국 제46대 국무총리 정세균

정치에도 정석 . 바른길은 있을까?

민병홍대표가 우리에게 던지는 화두다. 그는 대한민국 정치가 국민을 걱정하는 것이 아니라 국민의 걱정거리로 전락한 것은 주인이 주인답지 못하였기 때문이라고 일갈한다.

민병홍대표가 제시하는 해법은 단순명쾌하다. 다음 선거만을 생각하는 정치인이 아니라 다음 세대만을 생각하는 정치가를 뽑아야 한다는 것이다. "세상 근심과 즐거움은 선거에 달려있다 (天下憂樂在選擧) 는 조선시대 실학자 최한기 선생의 말씀처럼 사람을 제대로 가려 뽑으면 좋은 정치가 가능하다는 것이다.

2024년은 3.1 독립혁명과 임시정부 수립 105 주년이 되는 해이다. 지난 한 세기 대한민국은 세계의 변방에서 세계의 중심을 향해 달려와 최고의 자리에 우뚝 서 있다.
우리는 3050 클럽에 7번째로 가입하였고 세계 5위의 군사대국으로 성장하여 아시아를 넘어 세계 최고수준의 민주국가로 발돋움 하였다. k-pop , k-movie에 이어 k-방역에 이르기까지 세계가 부러워 하며 심지어 배우고 싶어하는 나라가 되었다. 여기에 순수 우리 기술로 만든 우주발사체 누리호가 성공하면서 7번째 우주강국으로 도약하였습니다

이제 우리 앞에는 대한민국의 새로운 100년, 평화와 번영의 새시대를 열어가야할 책무가 기다리고 있다. 다음 세대에게 좋은 나라를 물려주어야 한다. 그러나 코로나 사태로 인해 민생은 여전히 힘겹고, 한반도에 드리워진 신냉전의 먹구름도 해소되지 않고 있다. 특히 코로나 이후 우리가 맞딱드리고 잇는 여러가지 전환적 위기 속에서 심화되고 잇는 불평등을 해소하고 새로운 활로를 찾아야 한다.

이러한 패러다임의 전환기에 특히 중요한것이 정치이다. 정치는 미래를 설계하면서 이익과 위험을 배분하기 때문이다. 특히 코로나 19는 세계화 이후 축소되고 있던 국가 기능의 강화를 불러왔고, 국가를 움직이는 정치의 중요성은 더 커졌다. 특히 기회의 평등을 보장받지 못하는 정치는 시민들에게 공동체에 대한 존경과 헌신을 이끌어낼 수 없다. 우리사회를 갉아먹고 있는 격차와 불평등을 해소하고 정의로운 책임과 권리의 배분이 이루어 지도록 만들어야 한다. 이를 바탕으로 지속가능한 사회시스템을 만드는것이 정치의 본령이다.

내 자신이 지난 30년 가까이 현실에서 직접 겪어온 정치는 탄탄대로를 질주하는 것이 아니라 진흙탕을 헤쳐나가는 과정의 연속일 뿐 이었다. 그러나 힘들고 어렵다고 정치를 포기하거나 외면하지 않았다고 자부한다. 기술적인 문제라면 전문가나 관료에게 일임하는 것이 나을때도 있었다. 그러나 현실에서 해결을 요하는 많은 문제들은 가치중립적이고, 기술적인 문제는 거의 없다. 항상 이견이 있고 저항이 따른다. 대부분 정치의 권능과 에너지가 필요한 일이었다. 정치의 역할을 부정하면 그 자리는 관료주의나 시장만능주의 혹은 포퓰리즘이 득세하기 때문이다.

내가 만난 민병홍대표는 올곧은 사람이다. 역사와 고전에서 세상을 움직이는 정치의 본질을 꿰뚫어내는 혜안을 가진 인물이다. 지난 100년간 대한민국이 걸어온 역사는 어둠을 뚫고 빛을 향해 전진해온 역사였다. 하지만 그길은 결코 순탄치 않았다. 하지만 우리에게는 위기극복의 우수한 DNA가 있다.

벽을 눕히면 다리가 된다는 지혜를 다시 한번 되새길 때다. 대한민국의 미래를 이끌어갈 일꾼을 뽑는 선거에서 민병홍대표의 "정치의 정석"이 우리의 선택에 소중한 길잡이가 되어주길 바란다

대한민국 제46대 국무총리 정세균

제 1 장

대한민국 민주주의공화국의 탄생

조선 - 대한제국 - 대한민국

대한민국 민주주의공화국의 탄생

1392년, 역성혁명으로 이성계가 건국한 전제주의 왕조국가 조선(朝鮮)의 26대 왕(王) 고종은 1897년 10월 12일 국호(國號)를 입헌군주제 대한제국으로 변경한 대한제국이 1910년 일본에 합병되면서 대한제국 국민은 정신까지 수탈 당하며 일제의 치욕 속에 살아오던 1919년(기미년) 3월1일 파고다공원에서 대한(제국)독립만세를 외친 3.1운동을 기점으로 신익회 외 32인이 일본으로 부터 독립을 천명하고 대한제국을 대한민국으로 변경하여 1919년 4월11일 상해에 임시정부를 설치한 것이 대한민국의 시작이다.

대한민국 임시정부는 일제에 항거하던 신한민국, 조선민국, 고려민국, 대조선공화국 등 독립운동단체를 통합하여 1919년 9월11 대조선공화국 대표 이승만을 상해임시정부 초대 대통령으로 선출하여 임시정부를 체계화 하였는데 이때 국민과 자유를 주장하고있다 "우리 국민은 이민족의 노예도 부패한 전제정부의 노예도 아니고 독립한 민주국의 자유민이라"는 축사의 한 대목이다.

상해 대한민국임시정부는 당시 유엔이 인정하는 나라도 아니었고, 국민이 주인 인 민주주의국가도, 왕이 주인 인 전제주의국가도, 사회주의국가도, 입헌군주국가도 아니었고 왕조국가조선에서 민주국가로 변화를 바라는 임시국가였습니다.

독립을 목표로 목숨을 걸고 항일운동을 하던 1945년, 일본이 하와이 침공에서 실패하고 1945년 8월 15일 항복하면서 일본은 한반도에서 철수하여야 하였고 한반도는 어부지리로 광복이 되었는데 이로 인하여 대한민국 임시정부는 한반도에 자리를 잡게 되었습니다.

어부지리로 광복을 맞은 한반도는 2차 세계대전 승리의 주역인 미국, 영국, 소련이 그해 12월 모스크바에서 3국 외무부장관회담(모스크바 3상회의)에서 북위38도(삼팔선) 북쪽은 소비에트연방(소련)이 남쪽은 미국이 향후 5년간 통치하는 한반도분할점령에 합의하여 북위38도(삼팔선)북쪽은 김일성을 대리인으로 세워 소비에트연방(소련)이 관리하고 남쪽은 미군이 들어와 관리하였는데 한반도분할점령정책에 따른 미국의 신탁통치(미군정)이다.

북쪽은 소련의 감시하에 공산주의 사상으로 조선인민민주주의공화국을 만들었고 남쪽은 미국이 주도한 1947년 11월 유엔총회에서 유엔임시한국위원회 설치를 결의하여 1948년 5월 유엔임시한국위원회 관리하에 자본주의 사상으로 대한민국민주주의공화국이 되었고 미군정의 감시,감독하에 총선거를 실시하여 국회를 구성하고, 헌법을 공표하고, 그해 8월 대통령을 선출하여 민주주의대한민국공화국정부를 수립하고 그해 12월 유엔총회에서 합법적정부로 승인을 받았습니다.

한반도의 국가 명칭이 이성계 왕조국 조선(朝鮮)에서 고종의 입헌군주제 대한제국(大韓帝國)으로 대한제국은 38도(삼팔선) 북쪽은 공산주의 조선인민민주주의공화국, 남쪽은 자본주의 민주주의대한민국공화국으로 분할되었습니다.

민주주의대한민국공화국은 국민이 주인인 민주주의에 따른 헌법을 제정하여 헌법에 따라 다스리는(法治) 국가(대한민국)로 탄생한 것입니다.

대통령을 국부(國父)라 하고 대통령 부인을 국모(國母)라 주장하는 국민은 대통령과 대통령부인의 종(從)이고 노예(奴隸)라는 전제주의 왕조국 백성이라는 이야기이고 대통령을 왕이라는 시대착오적 생각입니다.

대한민국의 아버지(國父), 대한민국의 어머니(國母)는 존재하지 않습니다.

제 2 장

퇴폐함속에서 후손만을 생각한 국민

외침으로 단련된 국민성

1945년, 꿈에 그리던 광복을 맞이하고, 국민이 주인인 민주주의대한민국공화국 정부를 수립하여 사람답게 사는 나라가 되었지만 일본과 결탁?하여 부를 누리고 살아온 사람을 제외한 대부분의 국민은 문화와 레저, 자식의 교육은 꿈도 꾸지 못하며 피폐한 삶을 살아야 하였습니다.

병이 들어도 병원은 엄두도 내지 못하고 죽어가는 것을 그냥 보아야 했으며 가을에 조금 쌓아둔 곡식은 봄이 되면 다 바닥나 풀과 나무껍질(草根木皮)로 연명하는 보릿고개의 배고픈 삶을 반복적으로 살아 왔습니다

일인당 국민소득은 북한보다도 적은 60달러 이하로 세계에서 뒤에서 두번째로 못살던 나라 이었습니다.

우리의 부모님과 할아버지 할머님은 이토록 비참한 삶을 사시면서도 입으실 것 입지 못하시고 잡수실 것 잡수시지 아니 하시고 여명이 트면 들에 나가 호미 끝이 보이지 않을

때 까지 우리를 위하여 일을 하셨습니다.

끝이 보이지 않은 희망으로 모래알을 쌓는 심정으로 노력한 우리 부모님과 할아버님 할머님을 절망으로 몰아 넣은 것이 1950년 6월 25일 새벽5시에 자행한 김일성 공산당의 무력남침이었습니다.

김일성 공산당은 소련으로 부터 지원받은 T 34 중형전차로 무장한 기갑대대를 필두로 13만 정규군과 10만 예비군. 728문의 자주포. 550문의 대전차포. 2,316문의 박격포. 54대의 장갑차. 242대의 전차. 211대의 전투기와 폭격기로 무장하여 전투기 한대 없고 전차도 없고 군대라곤 형식적인 군대와 치안경찰 10만 뿐인 대한민국을 공격하여 일사천리로 3일만 에 서울을 함락하고 두달 반 만에 낙동강까지 점령하고 말았습니다.

남북한 군사전력 대비표

	남한	북한
병력	10만	13만+ 10만
곡사포, (자주포/북한)	91문	728문
대전차포	140문	550문
박격포	960문	2.318문
장갑차	24대	54대
전차	0대	242대
연락기.연습기	22대	?
전투기.폭격기	0대	211대

위 표와 같이 결과는 당연한 것 이었습니다.

대한민국은 공산주의자 물색, 타파와 시,군의 행정을 정립하는데 시간을 사용하여야 하였고 총선(1948.5.10)을 준비하는 시간 동안 북한은 김일성을 중심으로 빠른 시간에 행정을 정립하고 소련의 도움을 받아 군대와 군비를 확충하였기 때문에 제대로 된 군인과 무기가 열악한 남한을 상대로 부산까지 점령하는 것은 시간문제였습니다.

다급한 미국은 유엔에 이를 상정하고 선발대로 스미스대대

540명을 파견하여 7월5일 경기도 오산 죽미령에서 북한군과 전투를 벌였지만 중과부적일 수 밖에 없었습니다.

후발대로 부산을 통해 들어온 미군과 유엔군은 8월1일 낙동강전투에 승리하였고 그 여세를 몰아 연이어 8월20일~27일 왜관과 다부동전투를 승리하고, 유엔 36개 참전국 군인과 함께 북한군을 격퇴하고, 9월15일 맥아더장군이 인천에 상륙하여 9월28일 서울을 수복하고, 그 여세를 몰아 압록강까지 진격하였습니다.

유엔군 참전현황

미국	302,483명	보병사단7. 해병사단1. 미 7함대. 연대전투단 2.
영국	14,198명	보병여단2. 함정 17척. 해병특공대1 (항공모함 1척포함)
호주	2,282명	보병대대2. 항공모함 1척 구축함 2척전투비행대대1. 수송기편대1.프리킷함 1
네델란드	819명	보병대대 1 구축함 1척

캐나다	6,146명	보병여단1. 구축함 3척
뉴질랜드	1,389명	포병대대 1 프리킷함 1척
프랑스	1,185명	보병대대 1. 구축함 1척
필리핀	1,496명	보병대대 1
터키	5,455명	보병여단 1
태국	2,274명	보병대대 1. 프리킷함 7척 수송기편대 1. 수송선 1척
그리스	1,263명	보병대대 1 수송기편대 1
남아공	1,255명	전투비행대대
벨기에	900명	보병대대 1
룩셈부르크	44명	보병소대 1
콜롬비아	1,068명	보병대대 1 프리킷함 1척
에티오피아	1,271명	보병대대 1
	343,528명	

다급한 소련은 중공(중화인민공화국)에 지원을 요청하였고 중공은 소련의 물자를 보급받아 1950년 10월19일 240만명을 한국전투에 참여시켰습니다.

3명 중 한명은 소총을 들고 한명은 북을 한명은 꽹가리로 무장?한 중공군이 숫자로 밀어부친 인해전술로 유엔군은 후퇴를 하게 됩니다

인해전술로 중공군은 사상자 36만명 ～ 40만명, 질병과 사고

로 사망한 비전투사망자가 38만명 ~ 40만명이나 되었습니다.

중공군은 다음해 1951년 신정연휴를 이용하여 유엔군을 남쪽으로 밀어 부쳤고 유엔군은 인해전술을 감당하지 못하여 서울을 내주고 평택, 청주부근까지 후퇴하게 됩니다

학도병과 국군을 포함한 40만명이 3명당 소총 한자루로 무장? 하였다 하여도 240만명을 상대하기는 역부족이었습니다. 240만 중공군이 40만 아군을 제압하고 평택, 청주까지 내려온 여세로 부산까지 밀고 내려갈 수 있을지 모르지만 전쟁이란 칼과 화살로 싸우던 시대나 현대무기로 싸우는 현대전이나 병력만으로 하는 것이 아닙니다.

먹을 것이 없으면 싸울 수 없고 포탄과 기름 그리고 실탄이 없으면 싸우지 못합니다. 보급이 끝어지면 전쟁은 지는 것입니다. 더구나 엄동설한에 잠자리 까지 문제가 발생하면서 중

공군은 지금의 휴전선 부근으로 후퇴하였고 이 시기부터 양측모두 동일한 상황이 발생하게 되면서 국지전투로 전쟁이 미진해지는 틈을 이용하여 미국이 유엔주재 말리크 소련대표에게 정전협상을 제안하여 1951년 7월10일 개성에서의 실무협상을 시작으로 1953년 7월27일 판문점에서 북한의 김일성, 중국의 팽덕회, 유엔총사령관인 미국의 마크클라크는 남일과 해리슨을 배석시킨 자리에서 지금의 휴전선을 기점으로 사망자 500만명. 이산가족 1,000만명 전재민 200만명, 900여개의 공장과 60만채의 가옥을 파괴시키고 남침 3년 2일만에 정전협정에 조인하여 지금에 이르고 있습니다.

이날 조인된 협정을 정전협정 또는 휴전협정이라 부르는데 정전(停戰, cease fire, armistice, 또는 truce/ 전투 행위를 완전히 멈추는 것)과 휴전(休戰, armistice) 적대 행위는 일시적으로 정지되나 전쟁은 계속되는 상태) 은 많은 차이가 있습니다.

정전(停戰)협정이라면 북조선인민민주주의공화국과 민주주의대한민국공화국의 경계선은 휴전선이 아니라 국경선이 되는 것입니다.

휴전(休戰) 협정이라면 그 경계선이 지금과 같이 휴전선이 되는 것입니다.

1953년 7월27일 판문점에서 조인한 문서는 분명히 정전협상입니다.

그런데

우리는 미국과 중국에게 유리한 휴전(休戰)협정을 공식화 함으로서 우리가 안고 있는 고민이 여럿입니다. 알면서도 정리를 하지 않으려는, 정리를 하여서는 안되는 고민을 수반하고 있는 것입니다.

변경하여도, 변경해서도 안되는 대한민국의 영토는 한반도와 그 부속도서로 한다. 라는 대한민국헌법 제3조입니다.

우리는 헌법 수호의 목적으로 비용을 감수하면서 이북5도청과 도지사를 임명할 수 밖에 없고, 압록, 두만까지 우리 대한민국 영토라 할 수 밖에 없습니다.

휴전선 북쪽을 북쪽대한민국, 북한이라 불러야하고 남쪽을 대한민국이라 불러야합니다. 북한은 우리와 같이 휴전선 이남을 남조선이라 부르고 휴전선 이북을 조선민주주의인민공화국이라 부르고 있습니다.

대한민국은 한반도와 그 부속도서가 모두 대한민국 영토라 하고 북한은 한반도와 그 부속도서가 모두 조선민주주의인민공화국 영토라 하고 있습니다.

우리는 소련 때문에 우리의 땅을 뺏겼다 하고 북한은 미국 때문에 자기네 땅을 뺏겼다고 하고 있습니다 휴전선에서 총를 쏘고 연평도에 포격을 하여도 적대행위(전쟁)는 멈추었을 망정 전쟁은 계속된다는 휴전상태 이기에 전쟁포고 없이 국지적 전쟁(싸움)을 하여도 도발로 보는 것입니다.

언제라도 전쟁이 가능한 전쟁위험국이 된 것입니다

전쟁위험국에 관하여는 정치의정석 제2편, 김대중대통령 편에서 언급하였듯이 대한민국의 경제성장과 국민생활에 가장 중요한 요소입니다.

아무리 기술이 좋아 제품을 잘 만든다 하여도 자금이 없으면 화중지병과 다름이 없습니다. 외국자본이 필요한데 전쟁이 발발하면 모든 것이 잿더미가 되는데 어느 누구도, 어느 나라도 투자하려하지 않기 때문입니다.

안심하고 투자를 할 수 있도록 여건을 조성하는 길은 전쟁위험국에서 벗어나는 길. 즉, 전쟁(휴전)을 종식시키고 상호 불가침, 즉, 남북평화입니다.

한반도에서 전쟁을 없애는 길은 평화 와 통일이라 하지만 평화는 가까이 있고 통일은 멀리 또는 아주멀리 있습니다.

그렇다면,

가까운 것 부터 해결하는 것은 당연합니다.

첫번째가 싸우지 않는 여건을 조성하는 것입니다. 박정희정부를 비롯한 보수정권에서 하였듯이 소위 퍼주기도 하고 인도적 지원으로 달래고 국방력을 강화하여 공격할 엄두를 내지 못하게 하는 것입니다.

두번째는 남한은 민주주의대한민국공화국. 북한은 조선민주주의인민공화국으로 유엔에 가입한 국가임을 인정하여 휴전종식선언을 통해 상호불가침조약과 남북평화협정 입니다.

그렇게 될 경우 대사를 비롯한 영사와 공사를 파견하고 서로간 왕래함으로서 이산가족의 문제도 해결되는 것입니다.

휴전종식에서 휴전협정이라는 것이 걸림돌입니다.

1953년 7월 27일 판문점 협정 당사자는 북한. 중국, 유엔이지만 북한, 중국, 미국이 서명하였기에 이날 조인된 협정을 휴전협정이라 공식화 하였을때 이를 변경하거나 파기하는 것 또한 북한, 중국, 미국입니다. 민주주의대한민국공화국과는 아무런 관계가 없다는 점입니다.

휴전을 종식하고 평화협정을 통해 서로가 잘사는 나라가 되기를 문재인대통령과 김정은위원장간 공감대를 형성 하였다 하여도 중국과 미국이 승인을 하지 않으면 아무런 소용이 없다는 것입니다.

그것을 문재인대통령이 몰랐던 것 일까? 아닙니다 국방학자는 물론 필자 같은 필부도 아는 사실을 대통령과 청와대가 모를리가 없습니다.

판문점협정은 대한민국과 북한을 각기 다른 국가를 인정하고 김일성, 팽덕회. 클라크. 남일, 해리슨이 서명한 정전협정문이고 북한, 중국, 유엔이 보증한 "전투행위를 완전히 멈춘다는" 분명한 정전협정문이 존재하는데 절대 모를리 없습니다.

전투를 한 당사자인 북한, 중국, 유엔이 더 이상 전투를 하지 않는다는 정전협정을 모를리 없습니다.

지난 정부에서 휴전협정이라 확정함으로서 미국과 중국에게 우리 스스로 인정한 이상 미국과 중국은 자신들의 이익 때문에 정전협정을 인정할 필요가 없기 때문입니다.

1953년 7월27일 22시부터 발효한 정전협정문이라면 한반도 문제는 민주주의대한민국공화국과 조선인민민주주의공화국과의 태도에 달려 있는 것입니다.

김정은(조선민주주의인민공화국)과 문재인(민주주의대한민국공화국)이 국민의 동의를 얻어 상호불가침조약을 맺고 유엔의 동의를 얻으면 경제공동체가 되어도 아무런 문제가 없는 것입니다.

미국이 휴전협정을 고집하며 승인을 해 주지 않는 이유는 정치의정석 제2편, 김대중대통령편에서 언급한 바와 같이 중국이나 미국은 절대 동의를 하지 않는다는 것입니다. 여기에 일본까지 말이지요

문재인정권이 정전협정을 정전협정이라고 하는 순간 문재인정권은 한달 안에 무너지고 말 것입니다.

헌법 제3조를 대한민국의 영토는 휴전선 이남의 한반도와 그 부속도서로 한다. 로 바꾸어야 하기 때문입니다.

그럴경우 보수당과 보수언론을 포함하여 민족학자들까지 물만난 고기처럼 문재인이 우리땅을 김정은에게 주었다고 난리가 날 것은 자명하기 때문입니다.

미국도 가세할 것 입니다.

정전협정을 휴전협정이라 대한민국에게 각인시킨 것이 미국

이기 때문입니다.

정전협정이라면 당장 군사작전권을 한국에 내주어야 하고 방위비분담금도 받을 수 없기 때문입니다. 그런데 작전권, 분담금은 조족지혈입니다.

만약. 남북이 경제공동체이던 연합체이던 북한이 200년 먹고 살 지하자원과 남한의 선진기술이 하나로 뭉치게 되면 한반도를 통제하기 부담스럽기 때문입니다.

더구나 조선인민주주의공화국이 조선민주주의공화국으로 자본주의가 될 경우 중국은 미국보다 더 심각한 상황을 맞이하게 되는 것이 사실이기에 정전협정을 말하는 순간 미국과 중국까지 군사적, 경제적 적국이 되기 때문입니다.

본론으로 돌아와

해방후 조금이나마 간신히 일구어 놓은 터전을 김일성 공산당이 망치고 우리의 부모님, 할아버님, 할머님이 돌아 가셨

음에도 살아 남은 우리의 부모님, 할아버님, 할머님은 입으실것 입지 않으시고 잡수실 것 잡수시지 않고 우리를 강하게 키우고 열심히 가르쳤습니다.

북방 오랑캐와 남방 왜놈에게 더 이상 공격받고 수탈당하지 않기 위하여 강인해져야 한다는 민족 특유의 DNA 를 잃지 않기 위함이고 알아야 면장이라는 말과 같이 배우지 않으면 아무것도 하지 못하기 때문입니다.

글을 알아야 책을 보고 이해 할 수 있기 때문입니다. 기술이 그 속에 있기 때문입니다.

배워서 남주냐 ? 그렇습니다. 남 주려고 기술을 배우는 사람은 동서고금을 망라하고 그런 사람은 없습니다. 기술은 돈이고 자신과 가족의 행복을 담보하는 것이기 때문입니다.

글을 배우지 않아 기술을 배우지 않은 사람이 살아가려면 무슨 일을 하여야 할까, 기술을 가진 사람이 시키는 데로 일을 하며 살아갈 수 밖에 없습니다. 물론 받는 돈도 적을 수 밖에 없습니다.

직업에 귀(貴)하고 천(踐)한 것이 없다고 합니다.

거짓입니다.

귀(貴)하고 천(踐)한 것이 있기에 배우지 않아 천(踐)한 일을 하여야 하는 사람이 필요하기에 천(踐)한 일 을 시키려고 하는 소리입니다.

잘 먹고 잘사는 것은 기술을 배우는 것입니다. 그것이 공직이던 기계를 다루는 기술직이던 다른 사람보다 더 열심히 하는 것입니다.

수많은 침략과 수탈 속에서 피폐한 삶을 사시면서도 당신이 겪은 피폐함을 후손에게 물려주지 않으시려고 입으실 것 입지 못하시고 잡수실 것 잡수시지 않으신 우리의 부모님, 할아버님, 할머님께 감사하여야 합니다.

우리가 받은 감사함을 우리의 후손에게 전하는 것 또한 우리의 부모님, 할아버님, 할머님께 감사하는 것입니다. 그 순환적 감사함이 대한민국을 세계 10대 경제부국, 5대 국방강국을 만든 것입니다.

제 3 장

새마을운동으로 빈곤을 극복하다

한강의 기적을 이루다

비록

군사쿠데타로 집권하여 자신을 부정하거나 반대하는 국민과 민주인사를 탄압하면서 대통령이 되었지만 국민이 먹고사는 문제만큼은 소홀하지 않은 박정희대통령 입니다..

대통령의 가장 큰 소임이 국민이 먹고 사는 것을 보살펴 굶지 않게 하는 것 만큼은 잘 알고 있었기 때문입니다.

박정희대통령이 국민의 먹고사는 문제를 해결하기 위한 수단으로 사용한 것이 대한제국을 점령하여 수탈당한데 대한 대일청구권입니다.

대일청구권을 발동한 박정희는 10년간 3억 달러, 7년 거치 연 3.5%로 2억 달러를 빌려 곡식과 밀가루를 수입하여 초근목피로 연명하는 농촌을 중심으로 곤궁함을 해결하면서 경제개발 5개년계획을 시행하게 됩니다.

아침이면 삐삐선(군용 전화선)으로 집집마다 연결된 스피커 (단 체널 유선라디오)에

1: 새벽종이 울렸네 새 아침이 밝았네.

　너도 나도 일어나 새마을을 가꾸세.

후렴: 살기 좋은 내마을 우리 힘으로 만드세.

2: 초가집도 없애고 마을길도 넓히고

　푸른동산 만들어 알뜰살뜰 다듬세.

3:서로서로 도와서 땀 흘려서 일하고

　소득증대 힘써서 부자마을 만드세.

4:우리모두 굳세게 싸우면서 일하고

　일하면서 싸워서 새 조국을 만드세 라는 새마을운동 노래가 흘러나오는 것을 시작으로 국민은 일터로 향하였습니다

품삯은 적을망정 일자리가 생겼고 하루 세끼 걱정하지 않고 자식들 학교도 보내게 되었습니다.

농사일 편하도록 다랭이 농지를 개량하고 농업용수가 닿을 수 있도록 수로를 정비하면서, 만병의 근원인 화장실과 나무를 사용하던 난방을 연탄보일러로 대체하고, 주택을 개량하고, 다수확 쌀품종으로 개량하여 농촌국민은 먹는 것, 입는 것, 자식 학교 보내는 것까지 걱정을 덜어 주었습니다.

그 효과는 대통령선거에서 나타났습니다. 겪어보지 않은 사람은 이해하기 어렵지만 박정희후보의 주 지지층이 경상도와 함께 전라도 이었다는 것입니다.

국민이 먹고, 자고, 입고가 최우선이기 때문입니다.

1960년 대 초 60달러 이던 국민소득이 9,000달러가 된 절대적 이유는 야당은 물론이고 측근들 마저 무모하다며 반대한 경부고속도로 건설이었습니다.

수송이 원활 해 지면서 수송비손실이 줄어들고 수송인력이 늘어나면서 자동차공급이 늘어나고 일자리도 늘어가면서 자동차산업발전에 초석이 된 경부고속도로 이었습니다. 사람의 몸에 막힌 혈관을 뻥 뚫어 피를 돌게하여 건강하게 만든 것입니다.

이를두고 역사는 새마을운동의 성공. 한강의 기적이라 부릅니다.

박정희대통령은 우수한 두뇌를 이용한 미래 먹거리 사업으로 미국의 실리콘밸리와 같은 대덕연구단지를 추진합니다. 기술이 있는 곳에 일자리가 있고 일자리 있는 곳에 부가 있음을 실리콘벨리를 통해 알았기 때문입니다.

대한민국의 우수한 젊은 인재는 국내에 일자리가 없어 외국에 나갈 수 밖에 없었습니다. 이러한 우수한 연구진을 열악한 연구환경임에도 그들의 부모까지 세무조사등으로 협박?하여 반 강제적으로 대덕연구단지로 끌여들였습니다.

대덕연구단지에 끌려온 우리의 부모와 형제들은 열악한 연구환경임에도 밤잠을 설쳐가며 연구에 매진하여 기술을 축적하고 학생들을 가르쳤습니다.

이 분들이 있었기에 지금의 대한민국이 있음을 기억하고 감사하여야 합니다.

그분들이 계시지 않았다면 세계 10대경제부국, 5대국방강국은 존재하지 않았을 것입니다.

세계 10대경제부국, 5대국방강국은 입으실 것 입지 않으시고 잡수실 것 잡수시지 않으시고 박사로 키워낸 우리의 부모님과 할아버지 할머님과 미래 먹거리 창출을 위하여 노력한 대통령과 정부. 그리고 그들의 역동성에 과감히 투자한 기업과 정성으로 제품을 생산한 근로자들과 성실과 신용으로 세계시장을 석권한 수출기업이 있었기 때문입니다.

1973년, 열악하게 시작한 대덕연구단지는 현재 정부출연기관

26곳, 교육기관 7곳, 국공립연구기관 20곳, 정부기관 10곳, 기타연구기관 9곳, 기타비영리기관 26곳, 기업 1,948곳을 포함하여 2046개 기관과 15,519명의 박사님과 12,756의 석사님 7,623명의 연구 인력이 근무하고 , 39,802명에 달하는 생산 및 일반직 까지 근무하면서 정보산업기술, 생명공학기술 등의 국가전략산업과 원자력기술, 항공우주기술 등의 거대복합기술 분야에서 국가적 기반 육성 및 원천기술의 창출과 확산을 주도하는 아시아 최대 과학산업단지가 되었습니다.

제 4 장

기회를 놓치지 않은 대한민국

주문자생산제조업으로
제2의 기적을 이루다

제 2의 기적을 이루었습니다

비록

임금이 저렴한 나라에만 오는 주문자생산제조업이지만 대한민국에는 천사와 다름이 없었습니다.

일을 하고 싶어도 일자리 없던 우리로서는 가뭄이 들어 쩍쩍 갈라진 논밭에 내리는 단비와 같은 주문자생산제조업 이었습니다.

주문자가 요구하는 제품은 가격이 저렴한 소비성제품입니다. 생산단가 가 높으면 시장경쟁력을 충족하지 못하기 때문에 . 제품생산임금이 저렴한 나라를 선택하는 것입니다. 제품생산임금이 높은 자신들의 나라에서는 생산할 엄두도 내지 못하기 때문입니다.

주문자생산(OEM)을 처음 시작한 나라는 미국, 캐나다로 임금이 저렴하고 수송(육로)이 용이한 멕시코를 비롯한 남아메리카 였습니다.

주문자생산제조업은 완제품과 선적비용을 포함한 가격을 책정한 다음 일반적으로 두가지 방식을 취하는 데 하나는 주문자가 생산기술과 원자재를 공급해 주고 생산에 필요한 공장시설을 비롯한 생산에 소요되는 일체의 비용만 지불하는 방식과 중요부품만 공급하고 완제품을 생산하면 독점구매하는 방식입니다.

핵심은 생산인건비용 인데 예를 들어 정하여 놓은 완제품 가격이 10,000원이라 하였을 때. 원자재 3,000원, 건물등 생산시설 감가상각비용 2,000원 선적비용 500원 관리운영비용 1,000원 회사 수익금 500원 인건비용 3,000원이라 가정하였을때 원자재가격 상승분에 대하여는 주문자부담이고 나머지 상승분은 제조업체의 부담으로 합니다.

주문자생산제조업으로 멕시코는 1968년 올림픽을 유치할 정도로 발전하였습니다.

그러나

임금 인상의 폭이 커지면 주문자와 책정한 완제품가격 에서 차지하는 인건비용이 증가하여 주문자와 책정한 금액을 맞추어 낼 수가 없어지자 스스로 공장의 문을 닫았습니다.

주문자는 임금이 저렴하고 수송이 용이한 나라를 물색할 수 밖에 없어지자 해상수송이 용이한 일본과 대만을 선택하여 제품을 생산하여 공급하다가 일본, 대만 역시 인건비가 상승하면서 우리나라로 들어오게 된 것입니다.

그 덕분으로 우리나라는 일자리는 넘쳐 났고 생활이 윤택해지면서 3차산업 또한 호황을 누리면서 일을 하기만 하면 소형아파트 나마 내집을 가지게 되었고 자가용자동차를 소유할 정도로 윤택해졌습니다.

주문자생산제조업 덕분으로 1979년 일인당국민소득은 1987년 1,693달러가 3,402달러로 일취월장하면서 1988년에 올림픽을 개최할 정도로 성장하였습니다.

멕시코가 그랬던 것처럼 말이지요

제조업체는 생산근로자 만 확보하면 자연히 돈을 버는 사업이 되면서 생산근로자들은 멕시코, 일본, 대만과 같이 노동조합을 결성하여 이를 견제하기 시작한 것입니다.

목적은 임금인상이었습니다.

제조업체는 임금인상분을 대체할 부분은 원자재비용, 삼가상각비용, 수송비용은 불가침 고정비용이기에 임금인상분을 관리운영비용과 회사수익금에서 부담하는 방법 뿐 이었습니다.

주문자와 약정한 금액은 변동이 없기에 인건비용이 500원 상승할 경우, 관리운영비용에서 300원, 수익금에서 200원을

1,000원이 상승하면 관리운영비용에서 600원을 수익금에서 400원을 지출하면 주문자생산제조업을 유지하지 못하기에 멕시코, 일본, 대만과 마찬가지로 문을 닫을 수 밖에 없고, 주문자는 또다시 인건비가 저렴하고 제품수송이 용이한 나라를 찾아 떠나는 것입니다.

임금을 인상해 주면서까지 제조업을 유지하는 것은 공장건물과 시설비용에 대한 은행대출의 잔금 때문입니다.
공장건물과 시설비용의 BEP점 (Break-Even Point/손익분기점)을 충족하기 위하여 입니다. 문 닫을 때 닫더라도 빚은 남기면 안되기 때문입니다.
생산 근로자는 정당과 연계하여 임금인상을 요구하며 파업을 하여도 울며 겨자먹기로 본전 만 되어도 생산을 할 수 밖에 없었습니다.

주문자생산제조업의 몰락을 가져오게 한 근본적인 이유는 노태우정부의 근로기준법 이었습니다.
근로기준법을 제정할 당시 근로자 입장의 노동전문가 가 근로기준법을 주도하였기 때문인데 한마디로 근로자에게는 천국같은 법이었고 제조업회사에게는 지옥같은 법이었습니다.

노사갈등은 특정정당까지 가세하며 첨예하게 대립하게 되었고 회사는 더이상 버티지 못하면서 공장문을 닫아야 하였고 근로자는 일자리를 잃었습니다.

조금이나마, 회사는 노동자를 우선 생각하고 노동자는 회사를 우선 생각하는 노선사후 사선노후(勞先社後 社先勞後)의 정신을 존중하였다면 주문자생산제조업으로 10년은 더 잘먹고 잘 살았을 것입니다.

필자가 인천, 울산, 구미 등지의 주문자생산제조업 회사를 상대로 사업을 한 적이 있는데 울산의 한 주문자생산방식 회사의 근로자들이 임금인상을 요구하며 파업하는 것을 보고 그들에게 "여러분의 일자리는 주문자 국가의 인건비가 상승하여 생산할 회사가 없어 인건비가 싼 우리나라를 선택함으로서 생겨난 일자리이다. 이는 멕시코, 일본, 대만을 거쳐 우리나라에 들어온 것은 이미 모두 알고 있는 사실이다. 멕시코, 일본, 대만의 주문자생산제조업생산직 근로자가 임금투쟁으로 임금이 인상됨으로서 주문자가 요구하는 완제품 가격을 충족하지 못하게 되어 할 수 없이 문을 닫았기 때문이다. 주문자와 여러분이 근무하는 회사와 체결한 완제품 가격에서 인건비 비중이 임계점을 넘으면 여러분도 멕시코, 일본, 대만의 생산근로자와 마찬가지로 일자리를 잃어야 하는 것은 명확하다.
결국, 주문자는 우리보다 인건비가 저렴한 인도, 인도네시아, 베트남. 터어키 로 갈수 밖에 없는데 그 나라에서 이런 현상이 발생하면 어쩔 수 없이 공산주의국가라 할지라도 임금이 싸고 인력이 풍부한 중국으로 갈지도 모른다.
그렇다면
주문자와 체결한 완제품 가격에서 차지하는 인건비 비중을 감안하여 인상을 요구하는 것이 최선이다,
또한
회사는 여러분을 필요로 하고 여러분은 회사를 필요로 한다. 여러분은 회사를 먼저 생각하여야 하고 회사는 여러분을 먼저 생각하는 사선노후 노선사후(社先勞後 勞先社後)의 마음을 가지는 것이 회사와 여러분의 가족을 위하는 길이다"
그럼에도 그들은 근로기준법을 주장하며 파업과 근로를 반복하다가 회사는 문을 닫고 몇 달치 봉급을 받고 실업자가 되었습니다.
정치의정석 2편 노태우대통령에서 언급한 노태우대통령의 최대실수, 일반제조업과 주문자생산제조업의 근로기준을 이원화하지 못한 근로기준법 문제입니다.

중국이 주문자생산제조업의 천국이 되는 이유가 있습니다.

필자가 졸업여행의 일정으로 북경의 현대자동차를 방문하였는데 마침, 작업종료 10분전 쯤 이라 잠깐 생산라인을 둘러보았는데, 꾸준히 작업을 하다가 종료 벨이 울리자 작업을 멈추고 작업도구를 정리하고 퇴근을 하는 것이었습니다.

울산의 같은 회사에서는 작업시작 벨이 울려야 그제서야 작업도구를 챙겨 작업을 시작하고 점심시간 10분전에 컨베어가 작동하여도 식당으로 향하고 종료 벨이 울리기 10분 20분전에 작업도구를 정리하고, 옷을 갈아입고 라인에 정렬해 있다가 종료 벨이 울리자 마자 우루루 퇴근하는 모습과는 너무 대조적이라 여기는 어떻게 작업시간을 철저하게 지키느냐 하니까, 직원이 답하기를 중국에 입주한 외국기업 근로자의 절반은 입주기업이 관리하고 절반은 중국공산당이 관리한다. 봉급까지 공산당이 수령하여 그들에게 지급한다,

그리고, 근로자가 넘쳐 규정을 어기면 바로 해고이기에 작업의 성의는 물론 시간까지 관리하고 있기 때문이라는 말을 들었습니다.

임금인상, 복지관계등은 중국 공산당정부가 관리하기에 노동조합은 허용되지 않기 때문에 중국에서 주문자생산제조업이 다른 나라로 넘어가기는 거의 불가능 할 것이라 하였습니다.

그 말을 듣고 번개처럼 오버랩 되는 것이 우리나라 관공서나 회사 인근과 회사 구내식당의 점심시간에 11시 50분 경에 줄 서있는 풍경이었습니다.

제조회사의 경우, 제품의 연구, 개발, 생산, 관리비용은 물론 광고비용까지 모든 비용은 소비자 부담입니다.

관리비용을 최소화하고 광고비용을 최소화하면 소비자의 부담은 적어지는 것은 당연합니다.

최소의 비용으로 최대의 효과를 창출함으로서 소비자 만족을 시키는 것입니다.

그런데

우리나라 회사 근로자의 대부분은 출근 후 10분~20분, 점심시간 전후 10분~20분, 퇴근 전 10분~20분, 일일 40분~80분을 허비하고 있습니다.

시간당 급여가 15,000원 이고 근무자가 50인 인 회사의 경우 이 회사의 일일 손실액은 40분의 경우 500,000원 입니다.

(40분=10,000원 x 50인) 60분의 경우 750,000원. 80분의 경우 1,000,000원 입니다.

최하 40분이라면 일년 210일 근무하는 이회사의 손실액은 년 105,000,000원이고. 최하 80분이라면 일년 210일 근무하는 이회사의 손실액은 210,000,000원 으로 회사의 존망에 까지 영향을 미치는 금액이라는 점 입니다.

근로자가 회사에게 우선적으로 바라는 것은 회사가 발전하여 영구직장이 되는 것입니다. 위와 같은 생각을 하는 것이 근로자의 덕목입니다.

우리나라 기업은 주문자생산제조업이 호황을 누리는 과정에서 기술이 없어 만들지 못하는 제품을 접하면서 선진기술을 맨땅에 헤딩하듯 독자적으로 연구, 개발하였습니다.

한번 만 보면 무엇이든 그대로 만들어 낼 수 있는 위대하고 우수한 두뇌를 가진 민족이었기 때문입니다.

우리나라 기업은 이런 기회를 놓치지 않았습니다.

텔레비젼, 전축은 커녕 전기밥솥 조차 제대로 만들어 내지 못하던 가전제품 생산업체는 무모하다는 경부고속도로 건설과 같은 연구원을 설립하여 고임금의 연구진으로 하여금 연구개발에 투자를 하여 생산한 제품을 가성비와 신뢰를 무기로 세계시장에 파고들어 영역을 넓혀가면서 더욱 연구,개발 신용에 박차를 가한 결과 가전제품의 본고장인 미국, 일본을 제치고 세계시장에 우뚝 섰습니다.

반도체시장점유율 세계 2위,

냉장고시장점유율 세계 1~2위.
세탁기시장점유율 세계 1~2위,
TV시장점유율 세계 1~2위.
핸드폰시장점유율 세계 1~2위,
무선통신시장 세계1~2위.
자동차 부문에서 가솔린자동차 세계 4~5위,
전기자동차 세계 3~4위,
수소 자동차 세계 2~3위.
조선(船舶) 점유율 세계 1~2위,
철강과 이차전지시장 점유율 세계 1~2위 등
100여개 품목에서 세계시장을 점령하였습니다.

특히,
우리나라로서는 꿈도 꾸지 못하던 전차, 탱크, 자주포, 군함, 미사일, 포탄, 실탄, 전투기를 비롯한 방산산업은 종주국 미국은 물론 중동국가와 인도, 아프리카, 북유럽까지 수출하는 굴지의 방산산업국가로 확고히 자리 잡았습니다.
공항, 교량, 건축, 도로건설분야에서도 독보적인 기술로 엄청난 수익을 창출하고 있고,
화장품과 음식류 까지도 독보적인 수출을 기록하고 있고
의료기술은 세계최고의 위상과 함께 의료관광국이라는 명예를 얻었습니다.

전철을 비롯한 교통시스템 또한 세계 최고국이 되었으며 미국을 능가하는 의료보험실시로 스스로 병원에 가지 않은 한 병으로 죽는사람이 없어지면서 100세 시대를 열었습니다. 남의 물건에 손을 대지 않는 정직한 나라로 찬사를 받으면서 대한민국 여권 또한 신뢰의 상징이 되었습니다.

1960년 60불이던 일인당 국민소득을 2023년말 기준 600배에 36,094 달러로 세계 10대 경제부국, 5대 국방강국이 되었습니다.

이 모든 것은 임금이 저렴하였기에 들어온 주문자생산제조업의 기회를 놓치지 않고 우수한 두뇌와 근면성으로 선진기술을 연구, 개발하여 세계시장을 석권하여 세계 10대 경제부국, 5대 국방강국의 기적을 만들어 낸 것입니다.

제 5 장

세계 10대 경제부국,
세계 5대 국방강국
어떻게
발전시킬 것인가

걸림돌은 대통령의 정치

정치 (대통령)가 걸림돌 입니다.

우리의 아들딸, 손자손녀들이 밤잠을 설쳐가며 맨땅에 헤딩하듯 선진기술을 연구개발하고 기업은 신용과 정직으로 세계시장을 석권하며 일구어 놓은 세계 10대 경제부국, 5대 국방강국을 더욱 발전시켜 우리 후손이 행복한 삶을 살 수 있도록 하는 것이 모든 국민의 바람이고 의무인데 이에 대한 걸림돌은 대한민국의 정치(대통령) 입니다

정치가 바로 서지 않으면 경제는 피폐해지고 국민은 피폐한 불행한 삶을 살 수 밖에 없습니다.
이는,
세계 모든나라 모든국민이 공통적으로 우려하는 부분입니다.
대통령이 무지하고 무능하면 그 나라는 망하거나 망하지 않을지언정 국민은 피폐한 삶을 살아가야 합니다.
대표적인 나라가 라자팍스의 스리랑카, 차베스의 베네스웰

라, 비엘라의 아르헨티나입니다.

스리랑카는 세계 소비량의 60%를 생산, 공급하는 홍차의나라로 홍차관광까지 곁들여 홍차 하나로 여유롭게 살았던 나라이었는데, 지금은 전기도 부족하고 심지어 학생들 시험보는 종이조차 부족할 정도로 빈곤국가가 되었습니다.
주 수입원인 홍차나무가 말라죽었기 때문입니다.
라자팍스가 집권하면서 친환경정책으로 홍차나무에 공급하던 비료와 농약수입을 전면 금지함으로서 비료공급을 받지 못한 홍차나무는 말라죽고 농약을 사용하지 못하자 병들어 죽어버린 것입니다.
모든 식물은 영양분(거름)을 공급하지 않으면 성장이 멈추고 벌레를 잡지 않으면 병이 들어가면서 생산량이 줄어들고 상품가치가 떨어지는 것을 간과한 대통령의 무지 때문이었습니다..

라지팍스는 비료를 친환경제로 대체하면서 반드시 선행되어야 할 SWOT 분석, 강점(Strengths), 약점(Weakness), 기회(Opportunies), 위협(Threats)을 소홀히 한 것입니다.

조그만 점포를 하더라도 완벽하지는 않아도 SWOT 분석은 필수 임을 간과한 것입니다. .

비료와 농약수입을 금지하자 영양분이 부족한 홍차나무는 말라죽고 벌레가 창궐하여 홍차나무가 썩어가기 시작하면서 홍차 하나로 잘 먹고 잘 살던 스리랑카는 대체산업이 아무것도 없어 몰락하는 것은 시간문제 였습니다.

나라를 몰락시키고 국민을 피폐하게 만든 것은 라자팍스 대통령의 경제관과 사업관의 무지함이며 대통령보좌진의 무능입니다.

또한

그릇된 선거문화를 극복하려 하지 않고 라자팍스를 대통령으로 선출한 국민이 스스로 불행을 자초한 것입니다.

나라를 다스리는 사람을 선출함에 있어 가슴에 반드시 새겨야 할 것이 세상의 괴로움과 즐거움은 선거에 달려있다는 천하우락재선거(天下憂樂在選擧)입니다.

특히, 대통령 선출은 열번, 백번을 고민하여야 합니다. 대통령이 되고나면 잘못하여도 파면하기가 쉽지 않기 때문이고, 유권자 자신 뿐 아니라 후손까지 피폐하고 불행한 삶을 살아야 하기 때문입니다.

이르헨티나는 광할하고 비옥한 토지의 국가로 질 좋은 농산물로 세계 4위의 경제부국이었던 풍요한 나라였습니다.

농산물은 생산하기만 하면 수송이 용이한 미국, 캐나다, 북유럽 등으로 판매까지 걱정이 없는 나라 였습니다.

주문자생산제조업에서 언급한 바와 같이 임금이 비싼 자신의 나라에서 생산하는 것보다 아르헨티아에서 수입하는 것이 수월하고 또한 이득이 많았기 때문입니다.

이렇게 풍요하고 행복한 아르헨티아에 결정적 불행의 발단은 비델라 육군참모총장이 해군, 공군참모총장과 군부쿠데타로 독재자 페론을 축출하고 대통령이 된 비델라의 2차산업 정책입니다.

야당과 언론을 탄합하고 자신의 집권에 저해되는 인사를 처형하면서 쿠데타로 정권을 잡은 비델라는 악화된 여론을 잠재우는 방안으로 경, 중공업인 2차산업육성정책을 시행하게 됩니다.

여기까지는 박정희대통령과 흡사하지만 결과는 엄청난 차이가 납니다.

비델라는 엄청난 차관을 들여와 자고나면 하나씩 공장이 생길정도로 급속하게 사업을 추진하였습니다.

필자와 같이 종심(從心)이 조금 넘는 분들이라면 모두 기억하듯이 개나리 봇짐 싸들고 젊은 남녀들이 석탄기관차 타고 일자리 있는 서울로 서울로 올라오던 것 기억나실 것입니다. 아르헨티나 젊은이들이라고 우리와 다를리 없이 농사를 천직으로 살아오던 농촌의 젊은이는 공업도시로 몰려들었고 도시가 팽창하자 서비스사업자 또한 늘어 나면서 잠자리와 출퇴근의 어려움 속에서도 공장은 근로 인력을 필요로 하고 젊은이들은 농사일보다 임금도 많이 받고, 도시환경에 살게 되니 누이좋고 매부좋은 일 이었습니다.

비엘라가 간과 한 것, 여러분도 이미 짐작하셨겠지만 두가지 인데 하나는 제품을 생산하는 기술이 미흡한 것과 농업인구 감소에 따른 농촌대책의 부재 입니다.

젊은이가 도시로 떠나자 농촌은 농사지을 인력이라곤 부모 곁을 떠나지 못하는 젊은이와 나이먹은 어른들 만 남게되면서 농토는 서서히 황무지로 변해 가고 생산이 줄어들면서 주 수익원 이었던 농산물 수출이 격감하게 되었습니다.

1차산업의 문제점을 등한시하고 오직 2차산업에 매진한 비델라의 첫번째 실수였습니다.

중, 경공업 제품은 수십개에서 수백개의 부품을 조립하여 하나의 제품을 만드는 것인데 기술을 습득하지 못한 근로자에게 양질의 제품을 기대하는 것은 당연히 무리입니다.

열악한 기술로 생산된 제품은 창고에 쌓여갔고 공장은 도산 직전에 이르렀고 업친데 겹치듯이 외채상환일이 도래하자 공장을 모두 외국기업에 넘겨주어야 하였습니다.

기술을 축적하고 스텝 바이 스텝으로 생산하여도 부족한 중, 경공산업에 대한 분석을 간과한 것이 비델라의 두번째 실수였습니다.

외국기업이 인수하면서 외국의 기술자가 들어와 기술을 습

득케 하자 제대로 된 제품이 생산되면서 형편이 나아지기 시작하였지만 1차산업은 여전히 해결책이 보이지 않은 상태에서 비델라는 또다른 실수를 저지르고 맙니다.

무너진 아르핸티나를 몰락의길로 접어들게한 1978년 아르헨티나 월드컵입니다.

월드컵은 최소 6개의 4만이상의 좌석과 국제규격 축구장이 있어야 하고, 화면과 기사를 송출하는 텔렉스시설. 축구관광객의 교통의 편의성, 숙소와 음식, 치안을 기본적으로 제공하여야 합니다.

신축한 축구장과 호텔등의 사후관리에 관한 문제도 생각하여야 합니다.

아르헨티나의 월드컵유치는 뱁새가 황새 따라가다 가랭이 찢어지는 꼴이었습니다.

더구나 예산은 10배 이상 증가하였고 우승을 위해 심판과 참가국을 매수하는 악수로 엄청난 국고를 탕진하고 국가의 신용도까지 추락시키며 다음 대통령도 다음대통령도 그 어두운 터널을 빠져 나오지 못하는 지경에 이르고 말았습니다. 외채가 78억달러에서 450억달러로 급증하면서 빈곤율이 무려 40%에 달하였고 어린이의 50%가 빈곤층일 정도로 피폐해 졌습니다.

다음 대통령 메넴은 '자유시장 경제정책'이란 미명아래 대부분의 국영기업, 공기업을 민영화하여 약 400억달러의 외화를 끌어들였고. 90년대에 들어 통신, 전기, 가스, 수도, 철도, 방송, 석유, 체신, 전화 등 모든 부문을 민영화 함으로서 전기. 전화.수도료 등 공공요금이 일제히 올라 서민생활을 압박하기 시작했고, 외채를 감당하지 못하자 2001년 12월 23일 아돌포 임시 대통령은 1천 320억달러에 달하는 대외부채상환을 일시 중단하는 모라토리엄(Moratorium)을 선언하기에 이르렀습니다.

비델라의 무지, 무능으로 세계 4위의 부국을 자랑하던 아르헨티나는 어떤 대통령도 극복하지 못할 정도로 망가트려 2023년에 와서까지 극심한 인플레이션으로 9번째 디폴트(국가부도) 선언하여야할 위기에 처하고 말았습니다.

아르헨티나가 우리에게 교훈은 무능하고 무지한 대통령의 정치는 결국 나라를 망하게 한다는 것입니다.

대통령은 최소한 국민의 안정된 생활에 대한 인식과 지식 그리고 국민을 사랑하는 지극함이 있어야 한다는 것입니다.

대통령은 수퍼맨이 아닙니다. 대통령의 부족한 부분은 보좌진을 통하여 얻을 수 있습니다. 대통령이 무지, 무능하면 종재기에 그릇을 담을 수 없듯이 유능한 인재는 무지, 무능한 대통령을 보좌하지 않기에 유능한 대통령을 뽑아야 하는 것입니다.

성현에 이르기를 일급의 군주는 스승을 보좌로 삼고, 이급의 군주는 친구를 보좌로 삼고 삼급의 군주는 관료를 보좌로 삼고 망할 군주는 노예를 보좌로 삼는다 하였습니다.

대통령과 대화할때 책상에 엉덩이를 붙이고 말을 할 수 있는 스승과 친구를 보좌로 삼고 그들을 담아낼 수 있는 큰 그릇이어야 되는 것입니다.

베네스웰라의 차베스와 마두루 대통령입니다.

세계1위의 석유매장량으로 사우디, 쿠웨이트처럼 석유하나로 국민소득 세계 4위 일 정도로 잘 살던 베네스웰라 였습니다 그러한 베네스웰라가 몰락하고 말았습니다.

베네스웰라 석유의 시추, 생산, 판매사업은 모든 석유생산국의 경우와 같이 외국기술과 자금에 의존하는데 베네스웰라도 마찬가지였습니다.

특히, 판매는 투자기업이 가진 특수한 영역입니다.

차베스가 집권하면서 석유사업을 자체적으로 운영하기 위하여 기존의 외국기업을 몰아내면서 베네스웰라의 비극은 시작됩니다.

외국기업이 가져가던 돈이 없어지니 그만큼 더 부자가 될 것은 자명합니다. 그러나 그러한 달콤함은 오래가지 못하였습니다. 사업상의 믿음과 신뢰. 도덕성을 간과한 것입니다. 한치 앞도 보지 못하는 차베스의 무지함 때문이었습니다.

외국기업이 생산하던 석유생산은 순조러웠지만 문제는 판매였습니다.

그동안 외국기업이 거래하던 국가들이 등을 돌린 것입니다. 결국 석유는 먹지고 팔지도 못하는 금송아지 신세가 되고 말았습니다.

국가의 신용도는 추락하고 시간이 지나면서 국고는 바닥나고 말았습니다.

독재자와 무능한 대통령의 공통점은 국가와 국민이 아무리 어려워도 부의 탐욕을 피해가지 않는다는 것입니다. 차베스도 다르지 않았습니다.

국민의 삶이 어려울 망정 차베스는 권력을 이용하여 부를 축적하면서 덩달아 공무원의 부정부패는 극을 향해 달려가고 있었습니다.

국민의 생활은 피폐해 갔고 민심은 차갑게 변하고 말았습니다.

차베스는 여론에 밀리자 자신의 수하인 마두루를 내세워 대통령을 이양하였습니다.

아버지를 알려면 아들을 보라하였고 아들을 알려면 아버지를 보라 하였습니다. 친구를 알려면 친구를 보라 하듯이 차베스의 친구 마두라는 역시 차베스 였습니다.

정권을 이어받은 마두루가 첫번째로 할 일은 석유산업 재건이었습니다.

생산은 문제없으니 어떻게 파느냐 인데, 야당에서 원유를 정제하여 종류별로 판매하는 방식을 제안합니다.

세계 어느나라 이건 항공기용, 차량용, 생활용기름을 선택하여 수입하는 나라가 없습니다. 그렇게 생산하는 나라가 없기 때문입니다.

세계 어느나라를 망라하고 원유 자체를 구입하여 자신의 나라에서 정제하여 사용하기 때문입니다.

필요한 기름만 살 수 있다면 수입원유의 정제과정에서 발생하는 기후환경오염, 잔여물 처리까지 해결할 수 있기에 정제하여 종류별로 판매하는 획기적인 제안이었습니다.

그러기 위하여는 원유정제에 관한 연구와 시설에 대한 투자(R&D)를 핑계로 야당의 제안을 거절한 것입니다.

국민의 고통을 생각하기 보다 정략적인 선택을 한 것입니다.

연구 및 개발투자(R&D)는 미래 먹거리입니다.

우리나라 기업이 연구원을 짓고 고액의 연구원을 고용하여 연구 및 개발에 투자를 할때 많은 기업들이 의아해 하기도 하고 심지어 비웃기도 하였습니다.

R&D에 적극적인 기업은 세계최고의 백색가전을 만들었고 세계최고의 전투기, 자주포등 방산무기를 만들어 내었습니다. TV, 음향기기(전축)는 커녕 밥솥 하나 제대로 만들지 못하던 대한민국이 세계 10대 경제부국, 5대 국방강국이 된 이유가 기업들의 과감한 R&D 투자가 있었기 때문입니다.

일본은 자동차와 전자제품의 종주국이라 하여도 과하지 않습니다. 그러하던 일본이 일본의 백색가전 전체회사를 합쳐도 우리나라 삼성보다 적어진 이유가 과거의 영화에 집착하여 발전과 혁신, R&D 투자를 간과하였기 때문입니다.

베네스웰라의 몰락이 우리에게 주는 교훈은 국가의 도덕성과 국가간의 신뢰와 야당의 제안을 정략으로 거부한 무협치 정치와 대통령의 무지, 무능입니다.

스리랑카, 아르헨티나 베네스웰라가 몰락한 원인의 공통점은 대통령의 무지,무능이고 대통령보좌진의 등용실패. 국민생활을 보살피는 국민에 대한 지극한 사랑의 결여입니다.

스리랑카, 아르헨티나 베네스웰라의 몰락을 논 하면서 대한민국 차기 대통령에 대하여 심각하게 고민할 필요가 있다는 것입니다.

세계 4위. 5위 경제부국이던 아르헨티나 베네스웰라도 무지하고 무능한 대통령 하나 때문에 무너져 내렸습니다.
대한민국 이라고 무너지지 않을 것이라 장담하지 못합니다. 아르헨티나를 보듯이 한번 무너진 댐의 물은 거슬러 올라오지 못하듯이 무지, 무능한 대통령으로 인하여 국가경제와 신용이 한번 무너지면 회복 불가능하다는 것입니다.

세계 10대 경제부국. 5대 국방강국 대한민국?

대통령이 올바르지 않으면 아무런 소용이 없습니다. 영국, 프랑스, 일본? 미국도 예외는 아닙니다.

그러나

국민이 정치를 제대로 인식하면 무지. 무능한 대통령은 절대 나타나지 않습니다. 아니 나올 수가 없습니다.

제 6 장

존경했던 대통령

존경하는 대통령

당신이 있었기에 민주정치가 살아났습니다

존경하는 대통령을 찾습니다.

대통령은 나라의 운명을 좌우하는 자리입니다.

대통령은 우리의 행복, 불행을 좌우하는 자리입니다.

대통령은 대한민국 헌법을 수호하고 국민의 안위를 보살피는 권한을 한시적으로(임기) 보통선거를 통하여 국민으로 부터 위임받아 이를 수행하는 직책으로 취임일에 헌법 제69조에 명시한 "나는 헌법을 준수하고 국가를 보위하며 조국의 평화적 통일과 국민의 자유와 복리의 증진 및 민족문화의 창달에 노력하여 대통령으로서의 직책을 성실히 수행할 것을 국민 앞에 엄숙히 선서합니다." 라 국민 앞에 맹세를 합니다.

헌법에 따라 선서를 마친 대통령은 헌법 제3조에 명시한 대한민국의 영토인 한반도와 그 부속도서에 거주하면서 주민으로 등록한 민주주의대한민국공화국의 헌법상 주인이 가진 헌법 제10조~37조에 따른 권리를 보호하고, 헌법 제39조(국방의무)를 이행토록 관리하고, 헌법 제38조(납세의무)를 성실히 이행토록 하면서 납세의무자가 납부한 세금을 적재적소에 사용하는 업무를 시작합니다.

특히,

여러 갈레의 씨족(문중)의 집합체인 대한민국은 씨족(문중)마다 존중하는 관습과 법도가 있어 서로 다른 씨족(문중)인 국민 간 분쟁이 발생하였을때 이를 공정하게 해결하기 위한 방책으로 제정된 법(律)을 수호함에 있어 규정한 법률을 방기하고 개인의 의사에 치우치는 검찰(검사)을 특별히 감시, 감독하여야 합니다.

세계 10대경제부국, 5대국방강국, 도덕성 최고국가인 대한민국입니다.

100점 대한민국입니다.

이제 대한민국에 필요한 것은 단 하나, 다음 선거만을 생각하는 정치인(政治人) 대통령이 아니라 다음 세대만을 생각하는 정치가(政治家) 대통령입니다.

일본제국과 공산당으로 부터 이 땅과 민족혼을 피로서 지켜내신 우리의 부모님, 할아버님, 할머님,

입으실 것 입지 않으시고 잡수실 것 잡수시지 아니하고 60달러의 최빈국을 34,000달러의 부국의 기초를 세워주신 우리의 부모님, 할아버님, 할머님,

밥잠을 설쳐가며 맨땅에 헤딩하듯 선진기술을 연구하고 개발한 우리의 아들 딸과 손자, 손녀,

정성껏 최고의제품을 생산하는 우리의 아들딸과 손자, 손녀,

젊은이의 역동성에 과감한 투자와 성실,신용으로 세계시장을 석권한 기업인

그 분들에 감사하고 우리 후손의 행복한 삶을 위한다면 무

지하고, 무능하고, 그릇되고, 오만하고, 탐욕스런 대통령을 두번 다시 뽑아서도 세워서도 안됩니다.

퇴임 후 존경했던 대통령이 아니라 퇴임 후에도 존경하는 대통령이 우리에게 필요합니다.

성현에 이르기를

사람이 악한일로 소문이 나면 사람이 해하지 않으면 하늘이 반드시 죽인다 는 약인(若人) 작불선(作不善) 득현명자(得顯名者) 인수불해(人雖不害) 천필주지(天必誅之) 말씀처럼

재임 기간동안 대한민국의 주인인 국민을 괴롭히거나 고통을 주어 퇴임 후에 존경받지 못하는 대통령은 더 이상 대한민국에 있어서는 안됩니다.

헌법을 수호하기는 커녕 장기집권의 탐욕으로 헌법을 개정하거나 대한민국 주인의 권력을 약화시키는 헌법을 개정한 대통령은 결국 야반도주하여 타국에서 쓸쓸히 불의의 객이

되었거나 측근의 총탄에 목숨을 잃었습니다.

3,1운동의 정신으로 일제에 항거하고, 이땅에 민주주의대한민국공화국을 세운 그 위대한 공적은 4사5입(四死五入) 3선 개헌으로 존경했던 대통령으로 전락한 대통령을 비롯하여 대다수의 대통령은 퇴임후에 존경했던 대통령이 되었습니다.

한시적(임기)으로 대한민국 주인인 국민의 권력을 위임받은 대통령이 권한임을 망각하고 권력으로 착각하여 헌법을 유린하고 국민의 혈세인 국가의 재산을 방만하게 운영한 대통령은 약인작불선(若人作不善), 득현명자 인수불해(得顯名者人雖不害) 말씀대로 스스로 귀양살이를 하거나 감옥까지 가고 말았습니다.

우리는 반드시 박근혜, 이명박, 윤석열대통령을 기억하여 이를 타산지석으로 삼아 올곧은 대통령, 다음 세대와 공공의 이익만을 생각하는 정치가(政治家) 대통령을 선출하여야 합니다.

박근혜대통령은 정치를 아는분 이라면 정당정치, 국회정치, 대통령정치에 탁월한 여걸임을 부정할 사람은 없을겁니다.
그런데
"헌법수호의지가 드러나지 않습니다. 위헌, 위법행위는 국민의 신임을 배반한 것으로 헌법수호의 관점에서 용납될 수 없는 중대한 법 위배행위라고 보아야 합니다.
법 위배행위가 헌법질서에 미치는 부정적 영향과 파급효과가 중대하므로, 파면함으로써 얻는 헌법 수호의 이익이 압도적으로 크다 " 는 헌법재판소의 판결에 의하여 대통령직에서 파면당한 대한민국 최초의 존경했던 대통령 입니다.

충북 보은의 농민이 물대포에 맞아 돌아가시고, 안산고등학교의 학생 304명이 노후된 선박에 과도한 화물을 실은 세월호가 전복하여 꽃다운 청춘이 차디찬 바다속에서 목숨을 잃었습니다.

국민을 보살펴야 할 막중한 책무를 가진 대통령으로 진심어린 사과를 하기보다 대통령의 초기대응에 관한 문제점을 숨기기에 급급한 모습을 보여주었습니다.

국가를 보위하며(保衛: 국가(영토,국민,헌법,사회 등을 보호하고 방어함)의 대통령의 책무인 헌법 제69조(대통령선서)를 위배 하였음에도 국민의 사과요구를 묵살하였습니다.

대한민국 주인인 국민은 엄청난 시간적 물질적 손실을 감내하며 광화문에서 칼바람을 맞아가며 사과와 재발방지를 요구하였지만 끝끝내 사과하지 않았습니다.

대통령이 상대를 불쌍히 여기는 마음, 상대에 잘못에 분노할 줄 아는 마음, 공덕을 아는 마음, 옳고 그름을 아는 마음 인인의예지(仁義禮智) 4가지 중 仁義 두가지 만이라도 가졌다면 파면 당하지 않았을 것입니다. 仁義禮智는 차치하고 智 하나만 생각하는 보좌관을 등용하였다면 사과하여 파면 당하지 않았을 것입니다.

일급의 군주는 스승을 보좌로 삼고, 이급의 군주는 친구를 보좌로 삼고, 삼급의 군주는 관료를 보좌로 삼고, 망할 군주는 노예를 보좌를 삼는다는 성현의 말씀처럼 박근혜는 관료와 노예를 보좌로 삼았기 때문에 파면에 이른 것입니다.

자식을 알려면 아버지를 보고 아버지를 알려면 아들을 보라고 하였듯이 자신의 아버님 박정희정치를 보고 배웠기 때문일 겁니다.

정당정치, 국회정치는 탁월한 여걸이지만 박근혜는 아버님과 어머님의 나쁜점만 배웠다는 사촌형부 김종필의 말처럼 대통령정치는 아버님과 같은 전제주의 왕(王)의정치와 즐기는 정치에 매료되어 인재를 등용함에 있어서도 인재를 알아보면 백성이 편안하다는 지인은 안민(知人安民), 알맞은 인재를 알맞은 자리에 쓰면 모든 일이 잘 풀린다는 인사가 만사(人事萬事)를 방기하고 왕(王)에 복종하는 신하만을 등용하였기 때문입니다.

박근혜대통령이 대한민국대통령과 유권자들에게 준 교훈은 헌법을 수호하지 못하는 대통령, 헌법 상 실수나 잘못을 인정하지 못하는 대통령, 왕 노릇에 빠진 대통령, 보좌관을 제대로 등용하지 못한 대통령은 언제라도 헌법의 규정에 따라 대한민국의 주인인 국민이 파면시킬 수 있다는 것 입니다.

우리가 반드시 기억하여 할 대통령 두번째는 이명박대통령입니다.

이명박대통령은 수십억원의 뇌물수수, 조세포탈, 국고 등 손실, 정치자금법 위반, 직권남용, 권리행사방해등 16여개 달하는 범죄로 벌금 13,000,000,000원, 추징금 5,780,535,000원과 징역 17년형을 받았습니다.

이명박은 대통령에 취임하고 10달 뒤 인 2008년 12월 29일 4대강 정비사업을 착공하여 22조원을 들여 40개월만인 2012년 4월22일 완공하였습니다.

22조원에 달하는 국민의 세금이 들어가는 사업이고 그것도 한개의 강도 아닌 4개의 강이고 길이는 경부고속도로와 맞먹는 대한민국 최대 토목공사였습니다.

이러한 방대한 사업을 10개월 만에 SWOT분석을 거쳐 환경영향평가, 타당성조사를 완료하였다는 것은 신기(神技)에 가깝습니다.

경부고속도로 건설사업은 건국이래 최대의 토목사업이었습니다.

총연장 416.4킬로, 당시 총사업비 429.73억원으로 현재가치로 환산하면 약 30조원에 달하는 세금이 소요되는 사업입니다.

박정희대통령은 이 사업을 위해 2년을 연구(SWOT분석) 하고도 사업을 확정하고도 7개월에 걸쳐 수정, 보완하는 신중에 신중함을 기 하였습니다.

어떠한 대통령이라도 국민의 피와 땀인 혈세로 시행하는 국책사업은 SWOT분석, 환경영향평가, 타당성조사에 들어가는 기간이 기본 2년입니다.

그럼에도 4대강 정비사업의 계획을 10달 만에 모두 마쳤다는 것은 부정한 마음이 없으면 절대 할 수가 없는 것입니다.

이토록 무모한 사업은 결국 이명박의 국고손실, 직권남용으로 징역을 살아야 했고 자신의 형 이상득까지 징역을 살게 하였습니다.

더 크나큰 잘못은 4대강 정비사업비를 충당하기 위하여 경노당의 난방비를 줄이는 등 장애인, 노인등과 함께 취약계층의 지원비용까지 손을 댄 것입니다.

대통령 이라면 절대로 손대지 말아야 할 태양전력사업지원 사업까지 손을 댄 것입니다.

이재명 더불어민주당 대통령후보가 윤석열 대통령후보에게 RE100 (Renewable Electricity 100%)이 무엇입니까? 하고 질문하자 우줄쭈물 하면서 그게 뭐죠? 기억 나실겁니다.

RE 100은 클라이밋 그룹(Climate Group)이 기업에 사용하는 모든 전력을 2050년 까지 전량 재생에너지로 전환하는 운동으로 수출기업의 존망이 걸린 친환경전력생산운동입니다.

재생에너지를 사용하는 기업제품의 구매를 유도하고 사용하지 않는 기업제품은 수출을 규제하는 운동으로 수출 6위국이며 수출의존국인 대한민국으로서는 기업은 물론 대한민국의 존망이 걸렸다 하여도 과하지 않은 것이 RE 100 입니다.

그렇다면

대통령과 정부여당이 발 벗고 나서야 되는 일 입니다.

수출로 먹고사는 대한민국의 입장에서 수출에 문제가 발생하면 국민의 행복은 담보되기 않기 때문입니다.

그럼에도 이명박대통령은 무지하게도 태양전력사업지원을 중단한 것입니다.

재생에너지를 이용한 전력생산의 포인트는 태양전력임을 모르는 이가 없습니다.

수력은 수량이 풍부치 않고, 화력은 유연탄의 수입과 수송의 어려움과 대기오염의 주범이고, 풍력은 사람과 동물의 생활환경에 적합치 않고, 조력은 해안환경의 피해가 극심하고, 원자력은 가시적 측면에서는 최선일 수 있지만 폐 연료를 포함한 폐기물의 처리 및 관리, 사고 발생시 천문학적 피해비용, 이 모든 방식은 장점보다는 단점이 더 많은 전력생산방식으로, 전세계가 선호하는 생산방식은 원자재가 무궁무진한 태양광을 이용한 전력생산방식, 즉, 태양전력사업입니다.

그럼에도
태양전력사업지원기금을 4대강 사업비에 사용하고자 이를 중단하여 한국전력에 이관시켜 버린 것입니다.

이명박의 무지함으로 한국전력의 경영악화를 불러왔고 전력요금의 상승으로 국민과 기업의 부담을 가중시키는 무모한 정책이었습니다.

문재인정부 들어 대한민국의 존망이 걸린 RE 100을 충족하기 위하여 동해선철도를 연결하는 사업과 함께 야심차게 준비한 사업이 몽골의 고비사막에 태양발전패널을 설치하여 생산한 전력을 중국과 북한을 거쳐 일본까지 공급하는 태양

광사업을 계획하였습니다.

이 사업은 70%의 요금이 절약되어 국민은 물론이고 기업의 현안과제인 RE 100은 물론 생산비용이 절약되어 시장경쟁력 또한 증대되는 사업인데 일본이 반대하여 계획으로만 그치고 말았습니다.

화력에 의존하고 있는 중국과 북한이 이 사업으로 인하여 발전이 가속화 되는 것에 대한 우려 때문이었습니다.

이명박대통령이 국민과 후임대통령에 준 교훈은 국민의 납부한 세금으로 추진하는 사업은 반드시 면밀하고 신중한 SWOT 분석과 국민의 세금을 무서워 하여야 된다는 것과 그렇지 않을경우 반드시 감옥을 간다는 사실입니다.

우리가 반드시 기억하여 할 대통령 세번째는 윤석열대통령 입니다.

윤석열대통령은 취임 2년만에 박근혜, 이명박의 실수를 합친 것 보다 많은 실수를 하였다는 것이 특징입니다.

가장 주목할 점은 대통령을 하려고 대통령을 한 것인지 대통령 권한을 권력으로 생각하여 왕조국가의 왕처럼 권력을 행사하며 즐기려고 한 것인지, 헌법위에 군림하려고 대통령을 한 것인지 헷갈리게 하는 대통령입니다.

머리 좋은 윤석열대통령이, 윤석열대통령보다 더 좋은 머리를 가진 부인께서 이명박대통령이 국고손실로 감옥에 간 것을 간과하고 국민의 돈을 우습게 보고 국민과의 소통을 원활히 한다는 이유로 1조원에 달하는 국민의 돈으로 대통령 집무실을 용산으로 이전하고 관저까지 이전한 것입니다.

5년 후 차기대통령은 누구라도 청와대로 들어 갈 것입니다. 5년 밖에 쓰지 못하는 대통령실과 관저에 일년에 2천억의 세금을 쓴다는 것은 용납할 국민은 없습니다. 국민은 치사하다 생각하면서 어차피 선택한 대통령이기에 참을 수 밖에 없다는 것을 간과한 것입니다.

대통령실 발표 액면 그대로 대통령실 253억, 국방부이전 118

억, 경호처이전 100억, 관저공사 46억 등을 합쳐 517억을 사용하였다고 하더라도 국고손실이라는 평가를 피해갈 수는 없습니다.

더구나

비록 취소 하기는 하였지만 멀쩡한 청와대 영빈관을 두고 878억을 들여 용산에 영빈관까지 신축하려 한 것은 대통령의 국민사랑 의지에 문제가 많은 것입니다.

국민과 소통? 정문과 옆문까지 국민이 다닐 수 있는 청와대입니다.

대통령이 국민과 직접, 자주만나 다양한 의견을 들어 국정의 효율을 기하기 위하여 대통령이 광화문에 책상을 놓고 의견을 듣는 것은 경호상 있을 수 없습니다.

그렇다면 청와대 정문에 기 백억원을 들여 포탄이 떨어져도 안전한 벙커를 신축하고 대통령의 안전을 위하여 접견자를 철저히 검색하여 다양한 의견을 들어 국정에 반영한다면 대한민국 대통령 역사에 남을 일입니다.

원할한 국민소통을 위하여 용산으로 대통령실을 이전한다

하여도 관저까지 이전한 것은 어느 국민도 이해치 못합니다. 청와대 관람을 하신 국민들이 아시다 시피 대통령관저는 무려 2,000평입니다. 위치도 청와대 경내에서 가장 은밀하고 조용한 곳이고 경호 또한 최고로 안전한 곳이고 드넓은 연회장과 대통령 접견실과 집무실, 벽난로에 사우나가 시설된 드넓은 가족생활공간을 가지고 있슴에도 외교부장관을 쫓아내고 수십억을 들여 사용한다는 것은 국민의 세금낭비를 생각하지 않고 국민을 무시하고 자신만의 편의만을 생각한 무지의 소산입니다.

이러한 발상은 선거기간에 손바닥에 왕(王)자를 쓴것과 무관하지 않을 겁니다.

대통령이 아니라 왕(王)이라는 것을 의미하고 있었던 것이라는 점입니다.

민주주의대한민국공화국의 주인이 누구인지를 모르는 대통령이라는 점입니다.

대통령이 되기전 보여주었던 자유분방한 내외의 입장에서 청와대관저는 새장같이 보였을 지도 모릅니다. 개인적으로,

사업적으로 편하게 만나는 것이 불편하기에 그런 것인지, 만나는 사람을 모두 기록하는 것이 문제가 있어서인지 모르지만 그렇다고 자신의 편의를 위하여 주인의 돈을 우습게 보아서는 안되는 것 이었습니다.

결국, 국민과의 소통을 외치다가 매일 아침 하던 도어스태핑을 중지하고 코바나컨덴츠 사무실에서 대통령휘장을 걸어놓고 민원인 만나고 디올 명품 파우치를 받아 국가적 문제를 일으킨 것 아닙니까?

대통령은 전제주의 왕(王) 처럼 한가하지 않습니다.

대통령의 업무는 너무나 방대하여 대통령은 물론 대통령실 근무자도 문재인대통령 노영민비서실장 처럼 머리카락이 하얘지고 이빨까지 빠질 정도로 방대합니다.

국무총리와 장관이 전문가와의 토론과 검토를 거쳤다 하더라도 해당 수석실의 신중한 검토와 비서실장의 신중한 검토를 거쳐도 대통령도 오욕칠정 전체를 다스리지 못하는 인간이기에 실수를 배제 할 수 없습니다.

그 실수를 최소화 하기위하여 대통령은 인재를 알아보면 백성이 편안하다는 지인안민하여 알맞은 인재를 알맞은 자리에 쓰면 모든 일이 잘 풀린다 라는 인사만사라는 성현의 말씀에 따라 인재를 등용하는 것입니다.

그럼에도 실수를 하기도 하는데 대통령이 전제주의 왕(王)의 마음으로 능력에 치우치지 않고 자신의 측근을 등용한다면 국민의 삶은 고단해 질 수 밖에 없습니다.

스리랑카 라자팍스. 아르헨티나 비델라. 베네스웰라 차베스 처럼 되지 않으려면 박근혜대통령의 인사를 타산지석으로 삼아 관료와 노예를 지양하고 친구같거나 스승같은 인재를 등용하여야 하는 것입니다.

특히, 감투를 갖기위하여 말도 하지 않으면서 순종하다가 감투를 쓰고나면 조자룡 헌칼 쓰듯 휘두르는 정연용위 한 사람, 대통령에 대한 맹종을 충성으로 여기는 사람은 대통령을 정신적 사상에 이르게 하고 국민의 행복을 저해합니다.

그럼으로 성현에 이르기를 위에 올바른 사람을 위에 놓으면 아랫사람 또한 올바르게 된다는 거직제조왕(擧直錯諸枉) 능사왕자직(能使枉者直) 하라 하였습니다.

박근혜대통령이 국회(國民)의 탄핵으로 파면당한 원천적인 이유는 바로 지인은 안민, 인사가 만사를 방기한 것을 타산지석으로 삼아야 할 대통령이 윤석열입니다.

2년 밖에 되지 않았음에도 윤석열 대통령의 인사는 참혹 그 자체였습니다. 앞으로 얼마나 참혹한 인사를 보아야 할지 걱정이 되지 않을 수 없습니다.

대통령을 보좌하는 국무총리, 장관. 장차관급의 각종 위원회의 위원장은 오래 전 부터 각 부처의 운영에 대한 메뉴얼을 확정하여 놓았기에 사안을 결정함에 있어 그 메뉴얼에 위배되는 사항을 바로잡는 것이 주된 업무입니다.

대통령으로 부터 임명을 받은 정연용위 한 사람이 대통령의 개인적인 의견이나 주장, 또는 자신의 사견으로 이미 규정한 메뉴얼과 헌법에 위배되는 행위를 하게되면 국민으로 부터 질타를 받음과 동시에 박근혜대통령 처럼 탄핵에 이르게 되는 것입니다.

대통령이 국민의 동의를 얻어 추진하는 정책을 빈틈없이 추진하여도, 아랫사람을 핍박하지만 않아도 공무원의 역동성을 고취시키기만 하여도 최고의 보좌진(총리,장관 등) 입니다.

대통령의 그릇된 정책을 명령으로 간주하여 가감없이 추진하거나 메뉴얼을 호도하면서 대통령의 그릇됨을 옹호하거나, 대통령부인의 요구를 대통령의 명령으로 왜곡하여 부정한 행위를 하거나, 대통령과 대통령실의 애완견 같은 행위를 하거나, 대통령과 자신의 호불호로 국민을 고단케 하거나, 국민의 세금을 자신을 위하여 사용하고 방만하게 사용하거나, 정언용위(靜言庸違/ 말과행동이 다른)하거나, 상공도천(象恭

滔天,외양은 그럴싸하나 심성이 오만한)한 사람을 총리, 장관, 장차관급 각종 위원회위원장에 임명한다면 무능하고 무지하고 국민을 무서워 하지 않는 왕(王)이라는 반증입니다.

박근혜대통령의 탄핵의 빌미를 준 물대포에 의한 농민 사망 사건과 수백의 꽃다운 청춘이 차디찬 바다 속에서 사망한 세월호 사건을 반면교사로 삼아야 되는 사건이 이태원 압사 사건입니다.

국민이 어렵고 고달플때 재래시장에 나와 떡볶이 먹고 손을 잡아주는 쇼를 하여도 고마워하는 국민입니다.
어느 국민이라도 박근혜대통령이 충북 보은의 나이드신 농민에게 물대포를 쏘았다 생각하지 않습니다. 세월호를 타고 가라고 하였다 생각하지 않습니다. 더구나 박근혜대통령이 죽였다고 도 생각하지 않습니다. 국민이 요구하는 것은 그들의 잘못을 책임이 있는 대통령으로서 사과하고 재발을 방지하는 것입니다. 시장에 가서 떡볶이 먹어주고 손을 잡아주어 국민에게 행복을 느끼도록 하는 것처럼 분향소에서 나와 악어의 눈물이라도 흘려주기만 하였어도 고마워하는 국민입니다.

분향소에는 정치적이라 참석하지 않고 교회를 빌려 자신들끼리 모여 추도예배를 드린다면 대통령으로 인정하지 않을 것입니다.

4가지 (仁義禮智)가 없다고 할 것입니다.

저출산이 심화되어 국가의 존망을 걱정하는 현실에서 158명의 젊은 청춘이 죽고 159명이 부상을 단한 이태원 압사사고 사건에서 사상사고를 예견할 수 있음에도 이를 방치하였다는 죄목으로 용산구청장은 구속되어 보석으로 출감한 뒤 7년 구형, 재난안전과장은 3년 구형을 받았고 용산경찰서장은 당시 오전과 늦은 오후까지 삼각지 및 남대문, 광화문광장 등에 민주노총 노동자 대회 및 촛불대행진 등 각종 진보, 보수 단체의 집회로 삼각지 주변에서 집회관리 근무를 하다가 밤 9시에 늦은 저녁식사 하던 중 연락을 받고 20분 늦게 도착하였다는 이유로 업무상과실치사상 혐의로 구속되었습니다.

그런데, 서울시장, 행정안전부장관, 서울경찰청장은 물론 대통령 까지 사과하지 않았고 심지어 대통령은 분향소 참석이 정략적이라며 교회를 빌려 추모예배를 드린 것으로 국민의 분노를 증폭시켰습니다.

대통령의 헌법상 의무는 헌법 제69조, 국가를 보위하는 것입니다.

국가는 영토와 영토 내에 거주하는 국민과 더불어 국토와 국민을 다스리는 헌법임에 비추어 국민의 목숨이 공무원의 안일함으로 발생다면 당연히 책임을 물어야 하며 같은 사고가 발생하지 않도록 법을 제정하거나 개정하여야 하는 것입니다.

그런데 용산구청장, 용산구청재난안전과장, 용산경찰서장에게만 책임을 묻고 서울시장과 안전행정부장관에게 책임을 묻지 않는다는 것은 대통령의 위헌적 행위입니다.

대통령이 4가지(仁義禮智)가 없다는 반증입니다.

박근혜특검을 진두지휘하여 파면사유를 훤히 꿰고있는 당사자로서 후일 이문제가 어떻게 될지도 간과하여서는 안됩니다.

이승만, 박근혜, 윤석열대통령을 회고하면서 국민을 사랑하는 의지와 헌법수호의 의지가 묻어있지 않은 공통점을 보게됩니다. 또한 대통령의 부족함을 메꾸어 주어야 할 보좌진의 등용에서 전문성과 경륜보다 맹종과 측근을 선호하였다는 것과 다음 선거와 사익을 추구하는 정치인(政治人) 이라는 공통적 모습을 봅니다.

세계10대 경제부국, 세계5대 국방강국 민주주의대한민국공화국 입니다.

세계5대 경제, 국방강국으로 가기 위하여는 반드시 이승만, 박근혜, 윤석열대통령을 타산지석 삼아 차기 대통령선출에는 절대 실수하지 말아야 합니다.

검찰개혁의 필연성을 제시한 윤석열대통령

논어(論語)에서 말씀 하시기를 법(律)을 제정하여 법대로 다스리면 백성은 법률에 정한 형벌에 의해 자연히 질서가 유지되고, 백성이 법을 어길 경우 정해진 형벌을 받는 것을 수치(羞恥/불만)로 여기지 않는다. 도지이정(道之以政)하여 제지이형(齊之以形)이면 민면이무치(民免而無恥) 라는 말씀대로 다스리는 나라가 법치국가이고 성군의정치 국가입니다.

대한민국은 헌법 제69조 (나는 헌법을 수호하고) 를 대통령의 책무라 명시하고 있는 법치국가입니다.

국민으로 부터 보통선거를 통하여 한시적으로 대한민국 권력을 위임받은 대통령은 법치국가 수호를 위하여 대통령의 행정부에 법무부를 두고 법무부가 관할하는 검찰청을 두어 대통령이 검사를 임명하여 헌법을 수호토록 하고 있습니다. 검사는 대통령이 임명하는 국가공무원으로서 헌법 제69조 "한법수호"의 대통령의 책무를 이행하는 대통령의 보좌역입니다.

대통령은 검사를 국가공무원으로 임명하여 헌법에 다음의 표와 같이 전 세계 검사 누구도 가지지 못한 전무후무한 권한을 부여하여 법치국가를 훼손하지 않도록 하였습니다

권 한	한국	미국	영국	독일	프랑스
기소독점권	O	X	X	O	X
수사권	O	O	X	O	X
수사종결권	O	X	X	O	X
공소취소권	O	O	O	X	X
긴급체포 사후승인권	O	X	X	X	X
체포,구속피의자석방지휘권	O	X	X	X	X
경찰수사 지휘권	O	X	X	O	X

그리고 이를 방기하지 말라는 뜻으로 검사선서에 관한 규정 제2조에 따라

"나는 이 순간 국가와 국민의 부름을 받고 영광스러운 대한민국 검사의 직에 나섭니다. 공익의 대표자로서 정의와 인권을 바로 세우고, 범죄로부터 내 이웃과 공동체를 지키라는 막중한 사명을 부여받은 것입니다.

나는

불의의 어둠을 걷어내는 용기 있는 검사, 힘없고 소외된 사람들을 돌보는 따뜻한 검사, 오로지 진실만을 따라가는 공평한 검사, 스스로에게 더 엄격한 바른 검사로서, 처음부터 끝까지 혼신의 힘을 다해 국민을 섬기고 국가에 봉사할 것을 나의 명예를 걸고 굳게 다짐합니다. 라
국민 앞에 맹세를 하도록 하는 것입니다.

이토록 막강한 권한을 검사에게 준 것은 일제치하에서 조선인이 일본경찰로 부터 인간이하의 취급을 받은 점에 통분하여 경찰의 권한을 검찰에게 준 것이다 라는 것입니다.
그런데
여우를 피하려다 하이네나를 만나고 말았습니다.

결기를 가슴에 안고 꿈에 그리던 검사가 되지만 명패가 착상된 책상에 앉고나면 검사에게는 새로운 세상이 펼쳐집니

다.

군대보다 엄격한 상하관계와 상명하복으로 구체화 된 검사동일체의 세상을 만나는 것입니다.

이러한 세상이 존재하는 이유는 범죄 있는 곳에 금(돈)과 권력이 있기 때문입니다.

썼다 지울 수 있는 연필로 결제하는 자리에 오르면 세상 누구라도 쥐락펴락할 수 있는 권력을 가지기 때문입니다.

상명하복으로 구체화 된 검사동일체의 세상에 입성하면 스스로 맹세한 정의와 인권, 내 이웃과 공동체, 불의의 어둠을 걷어내는 용기, 힘없고 소외된 사람들을 돌보는 따뜻함, 진실만을 따라가는 공평함, 스스로에게 더 엄격함, 혼신의 힘을 다해 국민을 섬기고 국가에 대한 봉사는 하드에서 삭제되고 승진과 권력과 돈이 그 자리를 차지하는 것이 대한민국 검사들의 보편적 현실입니다.

국민의 세금으로 화려하게 지어놓은 그 공공건물은 정의와 인권, 내 이웃과 공동체, 불의의 어둠을 걷어내는 용기, 힘없고 소외된 사람들을 돌보는 따뜻함, 진실만을 따라가는 공평함, 스스로에게 더 엄격함, 혼신의 힘을 다해 국민을 섬기고 국가에 대한 봉사를 망각한 공무원의 놀이터이고, 변호사와 이를 망각하지 않은 공무원들의 전쟁터 일뿐 입니다.

세계유일의 막강한 검사의 권한은 검사선서를 망각한 권력자가 되어 조자룡 헌칼 휘두르듯 하고 망각하지 않은 공무원은 따뜻함, 공평함, 엄격함에 권한을 사용하여 법치국가를 유지하고 있습니다.

아무리 검사가 부패하였다 하여도 검찰이 무너지지 않는 망하지 않는 이유입니다.

아이러니 하게도 부패한 검사를 보호? 하고 잇는 것입니다.

범죄 있는 곳에 금(돈)이 있음에 매료된 검사는 기소독점권, 기소종결권, 공소취소권을 악용함으로서 돈이 있으면 무죄, 돈이 없으면 유죄라는 유전무죄(有錢無罪), 무전유죄(無錢有罪)의 법칙을 발굴해 내었고 권력이 있으면 무죄, 없으면 유죄라는 유권무죄(有權無罪), 무권유죄(無權有罪)의 세상을 창조하였습니다.

국민은 검사의 시퍼런 칼날에 검사를 영감으로 호칭하는 세상이 되었습니다.

검사는 이에 그치지 않았습니다.

헌법수호자인 대통령의 보좌역으로서, 법무부 산하기관의 국가공무원임에도 자신의 상위부서인 법무부, 행정부 그리고 심지어 입법부까지 쥐락펴락하는 유아독존의 지경에 이르고 말았습니다.

이에 속으로만 분노하던 국민은 검찰을 바로잡아야 한다는

데 공감하면서도 확증이 없어 고민하는 와중에 윤석열이 그 확증을 제공하여 주었습니다.

수사권력을 이용하여 1년이고 5년이고 처박아 두어도 되는 것을 보여주었고 아무때나 긴급체포사후승인권한을 이용하여 압수수색영장을 발부받아 즉시 수사하여도 되는 것을 보여주었고, 기속독점권력을 이용하여 범죄증거가 뚜렷함에도 기소 하지 않아도 되는 것을 보여주었고, 범죄사실을 캐비넷에 보관하였다가 필요할때 꺼내 사용하는 것을 보여줌으로서 검사의 과도한 권한을 제어할 필요가 있슴을 윤석열대통령이 증거한 것입니다. 검사는 공무원이었음을 증거하여 주었습니다.

부산 모 은행의 부정대출사건을 수사하면서 범죄자를 수사에서 제외하는 방법, 부동산 사기피해자를 범죄자를 바꿔치는 방법, 은행잔고증명을 위조하여도 수사를 하지 않는 방법, 주가조작의 중대범죄라도 수사를 하지 않아도 되는 방법, 지휘 고하를 막론하고 검찰의 눈 밖에 나면 기소를 하는 방법, 권력자는 기소는 커녕 수사를 하지 않아도 되는 방법, 국민의 세금을 마음대로 쓸 수있는 방법을 증거하였습니다.

가뜩이나 검찰개혁을 목말라 하였던 국민의 입장에서는 땡큐가 아닐 수 없게 된 것입니다

공수처, 공직자범죄수사처를 만들기 이전에 이렇게 증거 하여주었다면 문재인대통령, 더불어민주당국회의원과 국민들은 그렇게 고생하지 않았을 것입니다

퇴임 후에 존경했던 대통령이 아니라 퇴임 후에도 영원히 존경하는 대통령을 보아야 합니다

세상의 과로움과 즐거움은 선거에 달려 있습니다.

천하우락 재선거 (天下憂樂 在選擧)로 투표하여 퇴임 후에도 존경하는 대통령이 절대적 필요합니다.

제 7 장

차기 대통령의 우선 과제

반면교사에 충실한 대통령

반면교사에 충실한 대통령을 원 합니다

대한민국이 앞으로 나아가기 위하여, 더욱 발전하기 위하여는 역사를 모르면 나아가지도 발전할 수도 없습니다.

나라를 다스리는(政治) 사람이라면 잘못된 것을 바로잡는 정자정야(政者政也)는 필수 입니다

잘못된 것을 보고 바로잡지 않는 사람은 나라를 다스릴(政治) 자격이 없습니다.

민주주의대한민국공화국의 주인이라면 단호하게 말하고 행동하여야 것이 정야(政也)의 정자(政者)를 기리는 것입니다.

대한민국 차기 대통령의 우선 과제는 전임대통령 특히 박근혜, 이명박, 윤석열대통령이 제시하고 있습니다.

『가』

대통령에 당선되고 취임하기전 지인안민(知人安民) 인사만사(人事萬事)에 따른 인재를 등용하는 것입니다.

박근혜, 윤석열 대통령이 증거한 바와 같이 지인은 안민 (인재를 알아보면 백성이 편안하다) 하면, 인사가 만사 (알맞은 인재를 알맞은 자리에 쓰면 모든 일이 잘 풀린다) 의 중요성을 타산지석으로 올곶은 사람을 선택하여 알맞은 자리에 배치하는 것입니다.

올곶은 인재를 선택하기 위하여는

관이율 (寬而栗 너그러우면서 엄정한)

유이립 (柔而立 부드러우면서 꼿꼿한)

원이공 (愿而恭 삼가면서 공손한)

난이경 (亂而敬 능력이 뛰어나도 삼가는 마음이 있는)

요이의 (擾而毅 순하면서 과단성이 있는)

직이온 (直而溫 곧으면서 온화한)

간이렴 (簡而廉 털털하면서 예민한)

강이색 (剛而塞 굳세면서 독실한)

강이의 (彊而義 힘이 세면서도 의리에 맞게 행동하는) 를 우선하는 것입니다.

그러나

9가지 조건을 충족하는 사람은 존재하지 않기에 5가지를 충족하면 최선이고 4가지 충족하면 차선으로 차선이면 훌륭한 선택입니다. 부족한 부분은 대통령과 비서실장이 보완하여야 합니다.

행정안전부에 필요한 인재는
너그러우면서 엄정한 관이율 (寬而栗)
부드러우면서 꼿꼿한 유이립 (柔而立)
삼가면서 공손한 원이공 (愿而恭)
힘이 세면서도 의리에 맞게 행동하는 강이의 (彊而義)에
부합되는 인재입니다.

기획재정부에 필요한 인재는
부드러우면서 꼿꼿한 유이립 (柔而立)
굳세면서 독실한 강이색 (剛而塞)
힘이 세면서도 의리에 맞게 행동하는 강이의 (彊而義) 에

부합되는 인재입니다.

국토교통부에 필요한 인재는

순하면서 과단성이 있는 요이의 (橈而毅)에

외교부에 필요한 인재는

삼가면서 공손한 원이공 (愿而恭)

순하면서 과단성이 있는 요이의 (橈而毅)에

산업통상자원부에 필요한 인재는

너그러우면서 엄정한 관이율 (寬而栗)

부드러우면서 꼿꼿한 유이립 (柔而立)

힘이 세면서도 의리에 맞게 행동하는 강이의 (彊而義)에

보건복지부에 필요한 인재는

너그러우면서 엄정한 관이율 (寬而栗)

삼가면서 공손한 원이공 (愿而恭)에

법무부에 필요한 인재는

부드러우면서 꼿꼿한 유이립 (柔而立)

순하면서 과단성이 있는 요이의 (橈而毅)

굳세면서 독실한 강이색 (剛而塞)

힘이 세면서도 의리에 맞게 행동하는 강이의 (彊而義)에

국방부에 필요한 인재는

순하면서 과단성이 있는 요이의 (橈而毅)

굳세면서 독실한 강이색 (剛而塞)에

교육부에 필요한 인재는

삼가면서 공손한 원이공 (愿而恭)

농림축산식품부에 필요한 인재는

너그러우면서 엄정한 관이율 (寬而栗)

고용노동부에 필요한 인재는

너그러우면서 엄정한 관이율 (寬而栗

통일부에 필요한 인재는
부드러우면서 꼿꼿한 유이립 (柔而立)
굳세면서 독실한 강이색 (剛而塞)에

여성가족부에 필요한 인재는
너그러우면서 엄정한 관이율 (寬而栗)
삼가면서 공손한 원이공 (愿而恭)에
부합되는 인재입니다.

특히, 총리는 대통령 유고시 대통령 권한대행임으로 정치가 (政治家)이어야 하지만 장관급 인사는 해당부서에 근무하며 승진한 행정가를 우선하여 내부에서 발탁하는 것입니다.
각 행정부처의 운영시스템은 정립되어 있고 대통령실에 각 부처를 관장하는 비서관과 각 부처에서 파견된 2~3명의 행정관이 검토하여 비서실장을 거쳐 대통령이 재가를 하는데 무리가 없기 때문입니다.

대통령은 당선되기 까지는 정당의 당원으로 정당과 당원을 우선하여야 하지만 당선되고 나면 자신의 정당과 당원, 다른 정당과 당원모두 대통령이 보살펴야 하는 국민이기 때문에 정당의 당원을 장관으로 입각함으로서 발생하는 국민분열을 재생산하면 안되기 때문입니다.

성현에 이르기를 이러한 사람을 등용하여 적재적소에 배치 하면 올바른 사람을 위에 두면 아래가 모두 올바르게 된다 는 거직조제왕 (擧直措諸枉) 능사왕자직 (能使枉者直)으로 새 로운 공무원 상이 정립 될 것입니다. .
특히
기신(其身)이 정(正)이면 불영이행(不令而行)하고 기신(其身) 이 부정(不正)이면 수령불종(雖令不從).이라. 윗 사람이 바르 면(直) 명령(命令)을 하지 않아도 따르고 (행(行) 바르지 못하 면 명령(命令)을 내려도 따르지 않는다 하여 거직조제왕 (擧

直措諸枉) 능사왕자직 (能使枉者直)을 강조하고 있습니다.

조직을 운영하는 사람이 금과옥조처럼 여기며 행하는 것이 거직조제왕 (擧直措諸枉) 능사왕자직 (能使枉者直) 입니다.

대통령이 인재를 등용함에 있어 가장 경계하여야 할 사람은 박근혜, 윤석열대통령의 인사실패에서 보았듯이 정언용위(靜言庸違/ 말과행동이 다른)하거나, 상공도천(象恭滔天,외양은 그럴싸하나 심성이 오만한)한 사람입니다.

이러한 사람은 약자에게 강하고 강자에게 약하여 대통령에게 맹종하여 감투를 쓰고나면 국민위에 군림하는 타입입니다. 검찰개혁에 혼신을 다하려는 문재인대통령의 약점을 기회로 자신이 검찰개혁의 적임자라며 검찰총장이 되고나서 장관과 대통령을 공격하고 검찰권력을 더욱 공공히 한 것이 정언용위(靜言庸違) 상공도천(象恭滔天)의 대표적 사례입니다.

대통령에게 맹종하는 사람을 착한 사람으로 착각하여 등용하지 말아야 되는 것입니다.

『나』

국가사업에 신중하여야 합니다

국가사업은 국민의 세금을 사용하기에 신중한 SWOT분석과 전문가토론, 타당성조사등 면밀한 검토를 거쳐 진행합니다.

서울-양평간 고속도로는 양수리(두물머리) 관광객으로 서울 양평을 지나는 6호선 국도의 심각한 교통체증을 해소하고 나아가 강원도방면을 연결하고자 수도권 제1순환고속도로 송파구 오금동 에서 양평군 양서면을 종점으로 박근혜정부에서 계획하여 문재인정부에서 예비타당성조사를 거쳐 1조7천억의 예산까지 결정된 사업이었습니다.

윤석열정부가 출범하면서 국토교통부장관으로 입각한 원희룡은 입각하자마자 양평읍내 방면으로 계획된 지방도와 겹친 양평군 강상면으로 변경하였는데 까마귀가 날고 배가 떨어진건지 배가 떨어지고 까마귀가 날은 것인지 확정이 나지 않았지만, 변경할 경우 엄청난 부동산 이득이 가능한 토지가 대통령부인과 부인의 어머니와 오빠의 토지가 있어 대통령 권력 남용의 문제가 대두되면서 몰염치의 극치를 보여준 것이 원희룡이었습니다.

일천한 지식으로 박사 흉내를 내며 일타강사를 자처하고, 장관의 품위에 맞지 않은 발언, 공무원의 금기인 정치적 발언, 거짓이면 정치에서 은퇴한다는 오만함, 거짓이 탄로나자 사업을 폐기까지 한 시대적 망언, 결국 국회 국토건설상임위원회의 국정감사와 국정보고에서 진실이 서서히 나타나자 사퇴하여 정치에서 은퇴하겠다 하던 사람이 국회의원 출마를 하지않나 당대표에 출마하여 보수를 망가트리질 않나 참으로 한심의 극치를 보여주었습니다. 정언용위(靜言庸違) 상공도천(象恭滔天)의 대표적 사례입니다.

윤석열대통령의 원희룡 장관인사는 사익을 위하여 그에 적합한 행동대장을 세우는 조직폭력배의 모습과 유사합니다. 방송통신위원회, 국민권익위원회, 감사원 인사도 조직폭력배의 행동대장 인사와 다름이 없습니다.
이러한 상공도천(象恭滔天, 외양은 그럴싸하나 심성이 오만한) 한 등용은 절대적으로 지양하여야 합니다.

대통령 직함은 자신의 영원불멸한 명예이고 후손들의 명예

와 직결되는 고귀한 명성입니다

수십년을 노력하고 고생하여 대통령이 되어 머리가 하얗게 세고 이빨까지 빠지도록 국민의 안정적 삶과 행복을 위하여 5년을 고생하는 것은 돈을 벌려고 하는 것도 아니고 왕노릇 하려고 아니고 오직 명예를 갖고자 하는 것입니다.

그 명예는 대한민국의 본디주인이 납부하는 세금을 얼마나 적재적소에 효율적으로 사용하느냐에 달려있습니다.

이명박 대통령의 4대강 사업이나 자원외교 같은 사업이 국가사업의 중요성을 증거하고 있습니다

『다』

공수처(공직자범죄수사), 판사임용방식, 정년(停年)의 혁신이 필요합니다

공수처는 공직자가 저지른 범죄를 단죄하는 또 하나의 수사 검찰입니다.

수사대상자는 대통령, 국회의원, 광역단체장, 광역단체교육감, 법관, 검사, 경찰(경무관 이상), 군인장성, 국정원(3급이

상), 장관, 차관, 헌재재판관, 대통령비서실을 포함 약 7,300명과 그 부인을 비롯한 직계존비속까지 약 5만명 정도입니다

대한민국의 주인은 세계10대경제부국, 5대국방강국을 이루고 있는데 공직자는 부패하여 특별히 그들만을 전담하여 수사청을 설립한 것은 참으로 수치스런 일입니다.

검찰(검사) 스스로도 수치스러운 일입니다.

대한민국 최고 엘리트 집단으로서 더욱 수치스러운 일입니다.

대검찰청에 전담 검사가 존재하는데도 불구하고 권력자를 제어하지 못하였기 때문입니다. 제어하지 못한게 아니라 권력에 굴복하여 제어하지 아니한 것이 설득력이 있습니다.

검사 선서를 방기하고 권력에 굴복하여 법치의 원칙인 만인에게 평등을 무너트리고, 대한민국에 유권무죄 무권유죄 (권력이 있으면 무죄 없으면 유죄)를 창조한 것에 부끄러워 하며 스스로 환골탈퇴 했어야 하는 것입니다.

검경수사권조정 또한 검찰(검사)이 검찰(검사)답지 못하여 국민이 내린 법치국가 실현을 위한 극약처방입니다.

검찰(검사)은 법에 보장된 기소권, 기소종결권, 공소취소권, 경찰수사지휘권, 기소 후 긴급체포사후승인권, 구속피의자석방 권한 등을 악용하여 금노(金奴/ 돈의노예)가 되어 유전무죄 무전유죄(有錢無罪 無錢有罪) 세상을 창조하고, 고금무죄 저금유죄(高金無罪 低金有罪)를 유도하여 변호업계를 사악하게 만들었고, 검사동일체를 공고히 하여 정권과 정치에 유착하고 정치검찰(검사)화 하여 법치국가를 훼손하였습니다.

이 모든 것은 피해자는 알고 있었지만 국민은 체험하지 않았기에 그럴 것이다 라고만 하였던 것을 윤석열이 이를 증거하여 주었습니다.

대한민국 검찰의 권력은 일제의 잔재에서 벗어나지 못하고 대통령권력을 공고히 하는 어용권력이 된지 오래입니다.

어느 정권도 검찰의 권력을 이용하지 않은 정권이 없습니다.

인간은 권한이 권력이 되면 자연스럽게 하는 행동이 부정부패입니다. 대통령이라 하여도 예외는 아닙니다. 대통령이 자제를 한다하여도 부인이나 아들딸, 친척과 측근들이 하기 때문입니다. 대통령도 고위 공직자도 오욕칠정을 가진 인간이기에 탐욕을 피해가지 못하기에 검찰(검사)를 이용하여 죄를 덮고 검찰(검사)은 부와 권력을 공고히 하면서 정치권력을 얻는 것이 대한민국 검찰(검사)입니다.

정치권력은 유한하고 검찰(검사)권력은 무한하여 새로운 정치권력 또한 검찰(검사)권력을 이용함으로서 검찰(검사)권력은 새우가 고래를 잡을 정도로 몸집이 커지고 말았습니다. 정치권력이 몸집을 키워주고 잡아먹히는 형국이 된 것입니다.

윤석열 검찰총장이 이를 증거하고 있습니다.

검사의 과도하고 무소불위 권한을 제어하기 위하여 검경수사권조정 즉, 검찰수사권박탈을 법제화 하려 하였지만 고래와 새우의 입장이 바뀐 상태에서 본디 목적은 이루지 못하고 말았습니다.

윤석열대통령이 집권하고 시행령으로 대부분 검찰로 가져갖기 때문입니다.

검경수사권조정은 세계 어느나라의 검찰(검사)도 가지지 못한 무소불위 권한의 일부를 경찰에게 이양하는 법으로 2011년 이명박정부에서 시도하였지만 당시 김준규 검찰총장의 극렬한 반발과 사퇴로 뜻을 이루지 못하였습니다.

대통령이라 할지라도 검찰의 밥그릇을 뺏을 수 없을 정도로 몸집이 커져 버린 것 입니다.

문재인정부에서 보수정당의 원내대표가 빠루까지 들고 극렬하게 반대하였지만 패스트트랙 (국회법제85조 제2항/ 안건의 신속처리)까지 감행하여 검경수사권조종법을 통과시켰지만 상처뿐인 영광이 되어 버리고 말았습니다.

검찰은 기소권을 유지하면서 일부 특정 사건에 관한 직접수사권, 송치 후 수사권, 경찰수사에 대한 보완수사요구권, 경찰이 정당한 이유 없이 보완수사요구를 불응하는 경우 직무배제 및 징계요구권, 경찰의 수사권 남용 시 시정조치요구권, 시정조치 불응 시 송치 후 수사권 등의 통제권을 요구하였습니다.

이는, 경찰이 수사권을 가지고 수사하여 검찰에 송치하여도 다시 수사할 권한을 요구한 것은 검찰수사권을 존치한다는 것이고, 경찰수사에 관한 보완수사요구권을 요구한 것은 경찰수사지휘권을 존치한다는 것이고, 보완수사요구 불응한 경찰의 시정조치, 기소 이후 수사통제권 요구는 기존대로 경찰을 손아귀에 쥐겠다는 것 입니다.

경찰은 검사 또는 검찰청 직원의 범죄혐의에 대해 경찰이 적법한 압수, 수색, 체포, 구속 영장을 신청한 경우 검찰은 지체 없이 법원에 영장을 청구하도록 요구하였고 같은 사건을 검사와 경찰이 중복 수사하게 된 경우에는 검사에게 우선권을 가지도록 요구하였습니다.

검찰이 경찰범죄를 수사하니 우리도 너희를 수사하여야 한다는 것입니다. 그런데 기소권이 없는 경찰이 압수, 수색, 체포, 구속 영장청구권을 가진다고 달라질 것이 없다는 것입니다.

검사에게는 기소를 하여도 하지 않아도 되는 기소독점권과 아무때나 수사를 끝 마칠 수 있는 수사종결권. 설령 기소를 하여도 취소할 수 있는 공소취소권은 여전히 존재하기 때문입니다.

결국 검경의 수사대상을 적시하여 검경수사권조정을 통과시켜 2021년 1월 1일부터 실행하기로 하였는데 검찰의 수사범위는

가) 부패범죄(주요공직자 뇌물, 특정범죄가중법상 뇌물·알선수재, 정치자금, 배임수증재)

나) 경제범죄(특정경제범죄법상 사기·횡령·배임, 공정거래,

금융증권범죄, 마약수출입)

다) 공직자범죄(주요공직자 직권남용, 직무유기, 공무상비밀 누설 등 직무상 범죄)

라) 선거범죄(공무원의 정치관여, 공직선거·위탁선거·국민투표 등)

마) 방위사업범죄 6.대형참사범죄(대형 화재·붕괴·폭발사고) 등 으로

검찰청법상 6대 범죄로 조정되었습니다.

범죄가 있는 곳에 금(돈)이 있습니다. 그러기에 사건을 수사하는 경찰과 검찰도 권력을 가진 인간이기에 부패할 수 밖에 없습니다. 이는 대한민국 뿐 아니라 전 세계 민주주의국가이던 사회주의국가이던 공통적으로 발생하는 권력형 부패입니다.

검경수사권조정법은 검찰과 경찰의 권력 나누어먹기로 정리되었지만 윤석열정부들어 법무부(장관 한동훈)시행령으로 검수보장(검찰수사권보장)으로 회귀하였습니다.

문재인정부는 민정수석(김조원)과 검찰총장(윤석열)을 교체하여 야심차게 검찰개혁을 추진하였지만 자신이 검찰개혁의 적임자라 자처하여 검찰총장에 오르자 검경수사권조정을 검수완박(검찰수사권완전박탈)이라며 목소리 높이며 검찰을 결집하고 이를 경계하는 조국 법무부장관의 부인과 딸을 기소하고 청와대까지 압수수색하는 정언용위한 모습을 보여주었고 뒤이어 법무부장관에 기용된 추미애와 마찰을 빚으면서 검찰개혁은 물거품이 되어 버렸습니다.

검찰(검사) 조직은 법무부 산하기관으로서 법무부, 청와대, 정당까지 어쩌지 못할 정도로 강력해져 고래를 잡는 새우가 되어 버렸습니다.

과도한 권한을 부여하고 그 권력을 정권유지를 위하여 검찰(검사)을 악용한 무능한정권의 인과응보의 결과였습니다.

검찰개혁 !!

문제는 알고 있는데 정답을 찾지 못하고 있습니다..

공수처, 검경수사권조정으로 정답의 50% 까지 접근하였다

자화자찬을 하고 있지만 실질적으로는 20%에 미치지 못하고 있습니다.

그 80%는 무엇일까

여러분도 생각해 보십시요, 아니 생각하셔야 합니다.

여러분의 아들딸과 손자손녀들의 행복을 위하는 일이기 때문입니다.

국민 모두가 잘 알고 계시듯이 검찰(검사)의 권력은 무모할 정도로 막강합니다. 일제의 생사여탈권과 같은 경찰권력에서 벗어 나고자 그 권력을 검찰(검사)에게 주었기 때문입니다.

권 한	한국	미국	영국	독일	프랑스
기소독점권	0	X	X	0	X
수사권	0	0	X	0	X
수사종결권	0	X	X	0	X
공소취소권	0	0	0	X	X
긴급체포 사후승인권	0	X	X	X	X
체포,구속피의자석방지휘권	0	X	X	X	X
경찰수사 지휘권	0	X	X	0	X

범죄 있는 곳에 금광(돈)이 있기에 인간의 본성인 물질탐욕

을 스스로 제어할 능력이 없는 현실을 감안하여 점진적으로 혁신을 추진하는 것에 방점을 두어야 합니다.

검찰 권력을 경찰에게 주어도 금광(돈)은 사라지지 않습니다. 유전무죄 무전유죄 법칙은 이미 대한민국에 고착되었기 때문입니다.

고위 공직자를 전담하는 공수처에 기소권을 준다 하여도 그들도 오욕칠정에 자유롭지 인간이기에 해결책은 아닙니다.

더불어민주당에서 수사처와 기소처로 분리하는 방안을 해결책으로 보고 있지만 기소권한은 여전히 검사에게 있음을 간과하고 있는 것입니다.

먼저

경찰을 치안경찰과 수사경찰로 분리하고, 검찰을 형사검찰과 민사검찰로 분리하여, 수사경찰과 공수처를 편입한 형사검찰수사처, 수사경찰을 편입한 민생관계 범죄를 전담하는 민사검찰수사처로 개편하고, 11인의 기소심사위원회를 설치하는 것입니다. 기소독점권, 수사종결권, 공소취소권은 미국, 영국, 프랑스와 같이 없어지는 것입니다.

11인의 기소심사위원회를 둘 경우 공정성이 담보될 확률이 대단히 높습니다.

유튜브가 그 역할을 할 것이기 때문입니다.

대한민국 6,000여명의 유투버(크리에이터)가 다양한 컨셉으로 독자 채널을 가지고 10만여명이 활동하며 연 5천만명이 구독하고 있어 유투브의 파급력은 상상 이상입니다. 그러나 컨텐츠가 겹쳐 머지않아 변호사가 로펌을 만들듯이 여러 크리에이터들이 하나로 뭉쳐 전문채널로 발전할 가능성이 상당히 높습니다. 국민의 최대관심사인 검찰의 사건사고를 전문으로 하는 채널이 방송될 것은 자명하여 정의롭고 공정한 법집행을 감시하는 역할을 할 것입니다.

검사의 임용요건을 강화하는 것입니다.

검사의 임용은 사법고시를 거쳐 사법연수원을 수료하고 성적순위에 따라 판사, 검사로 임용하였습니다.

개천에서 용 난다는 말처럼 기억력(머리)만 좋다면 누구든지 외우기만 하면 사법고시를 통과하고 사법연수원에서 범죄자의 죄명을 확정하고 법률용어와 대법원판례를 외우면 그 실력 순서에 따라 검사로 임용하였습니다.

법과대학 재학중이던 졸업을 하던 다니지 않아도 기억력(머리)이 좋은 젊은이가 노력만 하면 검사가 되었습니다.

그러나 이들에게는 전문성과 실무능력과 경험이 일천하여 이를 충족하기 위하여 도입 된 제도가 로스쿨입니다.

법과대학을 졸업하고 로스쿨에 입학하여 3학년2학기에 검사 선발과정을 통과하면 2년 이상의 법조경력을 심사하여 검사로 임용하는 방식으로 조정을 하였는데 이는 전문성과 실무능력과 경험의 중요성 때문입니다.

법과대학 입학 후 검사에 임용될 때 까지 10년이 걸리고, 나이로는 20세 후반 입니다.

이립(而立)도 감당하기 어려운 검사를 인생의 가치관이 정립되지 않은 약관(弱冠)의 나이가 감당하기에는 역부족입니다. 그럼에도 법에 따라 검사에 임용되어 검찰에 들어가면 수습기간을 거쳐 독자적으로 사건을 배당받아 경찰에서 파견된 경찰수사관과 함께 수사를 하여 판단을 하여야 하지만 결정은 선배검사의 의견에 따라 결론을 내야 됩니다.

더구나 사람 세명이 모이면 모임을 만드는 것처럼 학연으로 조직된 파벌에 자유롭지 못하여 대부분 정의와 인권, 내 이웃과 공동체, 불의의 어둠을 걷어내는 용기, 힘없고 소외된 사람들을 돌보는 따뜻함, 진실만을 따라가는 공평함, 스스로에게 더 엄격함, 국민을 섬기고 국가에 대한 봉사를 망각한 선배검사의 무언의 강압으로 검사동일체에 동조하여야 하고 사건의 판단은 자신의 의지가 아닌 선배의 결정에 따르는 것이 현실입니다

약관(弱冠), 이립(而立)에서 이 수렁에 빠지고 나면 선배의 전철을 이어받고 물려주는 악순환이 반복되어 유전무죄무전유죄, 유권무죄무권유죄, 고금무죄저금유죄의 법칙?은 유지될 수 밖에 없는 것입니다.

여기서 우리는 이러한 문제의 발생요인은 약관(弱冠)의 검사는 차치하고라도 이립(而立) 초반의 검사도 전문성과 실무능력과 경험이 뒷바침 되기 않았기에, 선배에게 휘둘려 검사선서에 의한 자신의 소신을 다하지 못하는 문제가 있음을 알 수 가 있습니다.

그렇다면 주위 환경이나 유혹에 흔들리지 않고 자신의 소신

을 지키면서 "미혹되지 않고 전문성과 실무능력과 경험이 뒷바침" 된 불혹(不惑)의 검사라면 두가지 문제가 정리되지 않을까? 합니다.

법과대학을 졸업하고(22세) 로스쿨에 입학하여 3학년2학기검사선발과정을 통과한 자가(졸업,병역,27세) 검사나 판사가 되고자 한다면 형사지방검찰수사처 내지 민사지방검찰수사처에 근무토록 하여(28세) 5년~10년(33세~38세) 경력자를 검사에 임용하고 판사는 검사 임용후 5년~10년(3세~48세) 경력자를 판사로 임용하는 것입니다.

검사는 인간의 기초(仁義禮智)가 세워지는 이립(而立)의 나이이고, 판사는 주위 환경이나 유혹에 흔들리지 않고 자신의 소신을 지키면서 미혹되지 않는 불혹(不惑)의 나이라면 유전무죄무전유죄, 유권무죄무권유죄, 고금무죄저금유죄로 선배가 망쳐놓은 공정하고 정의로움을 복원할 수 있다 확신합니다.

덧부쳐, 판사의 정년은 폐지 되어야 합니다. 인생의 이치와 의미를 터득하고 하늘의 명(天命)을 깨달은 지천명(知天命50) 인생에 경륜이 쌓이고 사려(思慮)와 판단(判斷)이 성숙하여 남의 말을 받아들이는 이순(耳順60)의 판사는 이시대가 요구하는 판사가 될 것이고, 마음이 하고자 하는데로 하여도 법도에 어긋나지 않는다는 종심(從心70)의 판사는 불혹(不惑),: 지천명(知天命),이순(耳順)의 후배판사를 보좌함으로서 대한민국의 법조계는 공정과 상식에 따른 정의로운 법치국가로 자리매김 할 것이라 확신합니다.

이는,

대한민국 의료기술을 세계 최고수준에 오르게 한 집도의사(의학박사)의 시술과정을 살펴보면 이해가 됩니다

의과대학 6년을 졸업하고 의사고시에 합격한다고 칼을 들고 수술(집도의)하는 의사가 되는 것이 아니라 진찰을 하고 약

을 처방하는 의원의 의사가 되는 것입니다.

집도의(의학박사)가 되고자 하면 의사고시에 합격하고 수련의사(인턴) 3년차에 전공과목을 선택하여 전공의 시험에 합격하면 전공의(레지던트)를 수료하고 전문의자격시험을 통과하면 전문의(펠로우) 1~2년의 기술습득을 거쳐야 그제서야 수술칼을 들 수 있는 의사(집도의: 執刀醫)가 되는 것입니다.

대학을 졸업하고 아무리 빨라도 7년의 수련기간을 요구하는 것은 칼은 인간의 생명과 직결되기에 신중에 신중을 기하기 위함으로 검사와 판사도 이와같이 한다면 공정과 상식에 따른 정의로운 법치국가가 된다는 것입니다

불혹(不惑),: 지천명(知天命),이순(耳順)의 판사라 하더라도 과중한 업무와 오욕칠정 전체를 다스리지 못하는 인간이기에 실수를 배제할 수 없습니다. 이러한 작으마한 실수를 줄이기 위하여는 양형제(量刑)를 성문화하여 국민 스스로 제지이형

(齊之以形)이면 민면이무치(民免而無恥)토록 하는 것입니다.

양형(量刑)을 구체화 하는 것은, 인간세계의 사건형태가 별반 다르지 않아 프로그램화된 사건기록을 참고하여 범죄사실의 경중만 정립하면 됨으로서 대통령과 국회의 의지만 있으면 결코 어렵지 않는 일 입니다.

가령, 손실에 따른 사건이라면 금액과 사건형태에 따라 형량을 a,b,c 로 구분하는 것입니다.

양형제도(量刑制度) 도입은 변호업계 창조한 돈이 많으면 무죄 돈이 적으면 유죄라는 고금무죄저금유죄를 해소하고 기업화된 변호업과 판사와 변호사 유착 고리인 전관예우를 퇴치 할 수 있습니다.

일제의 잔재인, 하여야 한다. 할 수 있다 등을 포함한 애매모호한 법문과 용어를 국민이 쉽게 이해하고 판단할 정도로 수정하는 것입니다.

현재 사용하는 용어는 국민이 알기 쉽도록 조금씩 수정하고 있지만 여전히 검사와 판사, 변호사들만이 알고 말하는 자구입니다.

자신들만의 은어(隱語)라 하여도 과언이 아닙니다.

법률 용어를 국민이 이해할 수준으로 수정한다면 범죄자가 어떠한 법에 의하여 어떠한 이유로 얼마의 형벌을 받아야 하는지 알 수 있어 범죄가 줄어들고 형벌을 피하지 않음으로서 성현의 말씀처럼 도지이정(道之以政)하여 제지이형(齊之以形)이면 민면이무치(民免而無恥)의 진솔한 대한민국이 될 것입니다.

특히, 검찰을 개혁하여야 한다는 것은 알고 있고, 그리고 개혁방향도 알고 있고, 방법도 알고 있지만 정답에 접근하는 용기가 없는 것이 가장 큰 문제입니다.

검찰과 싸워서 이기려는 태도 때문입니다.

검찰과 싸우면서 검경수사권조정, 공수처설치를 강제 하였지만 실질적으로 얻은 것은 20도 되지 않습니다.

싸우지 않고 이기는 것, 설자리가 없도록 하는 것입니다.

검사설발과정에서 자격증을 취득한 후, 형,민사지방검찰수사처 5년~10년 경력자를 검사로 임용하고, 검사 5년~10년 경력자 판사로 임용하여 인지력에 문제가 되지 않으면 종심(從心) 초반까지 활동케하고 법률조문을 국민이 알기쉽게 수정하고 양형제를 도입하고, 검찰수사청에 11인으로 구성된 기소심사위원회 두는 것을 추천합니다.

『라』

친정(親政)수석실을 설치하는 것입니다.

민정(民情)이 아닌 친정(親政), '대통령 가족과 친족'을 관리하는 대통령 직속기구를 말합니다

대통령중심제 국가의 대통령은 막강한 권한을 국민으로 위

임받아 국가를 다스립니다. 나라의 살림은 말할 것도 없습니다.

인간세계의 모든 사건은 물욕(物慾)에서 발생합니다.

기본적으로 경중(輕重)만 다를 뿐이지 물욕(物慾)은 대통령일지라도 피해갈 수 없는 인간(人間)의 영역 이기 때문입니다.

대통령은 국민이 납부한 엄청난 세금의 관리자이기에 마음만 먹으면 엄청난 부를 가질 수 있는 자리이기에 삼권분립의 행정부를 감시,감독하는 국회가 국회행정안전상임위원회에게 대통령실을 감시,감독하는 권한을 준 것입니다.

.

대통령이 무사히? 임기를 마치고 나면 국민이 납부한 세금으로 대통령 내외분 께서 사망하실때 까지 월급도 주고, 집도주고, 자동차도 주고, 보좌관도 주고, 전기 등 한점의 불편함 없이 보살펴 드리고 있습니다. 문제는 대통령의 가족과 친척과 외척들이 대통령 권력을 이용하여 공무원과 결탁하여 국민의 세금을 착복하거나 사업가와 결탁하여 부를 축적함으로서 국민의 분노를 유발하고 감옥까지 가는 부정을 저질러 대통령을 곤혹스럽게 만들었다는 것입니다.

그들은 여기에 그치지 않고 법위에 군림하여 법치까지 훼손하기도 하였습니다.

이를 미연에 방지하고자 문재인정부는 친가(親家/외척포함)와 측근들의 부정을 미연에 방지하고자 대통령실에 민정수석을 두고 민정수석실에 민정비서관을 두어 대통령가족 과 부인의가족과 측근을 관리하여 왔습니다.

이중, 가장 큰 문제를 일으키는 사람은 대통령 부인입니다.

비록 사인(私人)이지만 대통령과 같은 예우를 받기에 자신이 대통령이라 착각하는 우매한 사인이 있었기 때문 입니다.

후한 (한나라 멸망후 건국 한나라)은 측근에서 왕(王)을 보필하는 환관이 득세하여 멸망하였지만 근본적인 원인은 왕의 부인의 가족(外戚)들이 왕을 허수아비로 만들어놓고 국정을 독단하여 나라가 망할 지경에 이르자 환관이 결집하여 외척을 몰아내고 국정을 농단하면서 서서히 몰락하여 멸망하게 된 것입니다.

2,000년의 사례를 현대에 접목하는 것이 무리 일수 도 있지만 나라가 멸망하지는 않아도 나라를 소용돌이 빠뜨린 사례

가 있고 대한민국에서도 발생하였기 때문입니다.

대표적인 나라중 하나가 필리핀 마르코스 대통령의 부인 이멜다입니다.

명품구두만 3천 켤레(pair)에 달할 정도로 명품메니아로 극도로 사치하면서 국정까지 간섭하여 남편을 몰락시키고 도망을 가게한 여인입니다.

열심히 노력하고 힘들게 고생하여 돈을 번 사람들의 부인은 사치하지 않습니다.

인의예지(仁義禮智) 네가지 중 한가지만 갖춘 사람들의 부인은 사치하지 않습니다.

아깝기도 하거니와 이웃에 위화감을 주지 않으려는 배려심 때문입니다.

기껏해야 평생 사용할 수 있는 명품백 하나 정도입니다

보통 사치하는 여성은 원래부터 재산을 많이 가진 남자가 미모만 생각하여 결혼한 여성, 돈을 쉽게 버는 사람들의 부인입니다.

공직자의 뇌물등 부정에 대하여 의심스러우면 부인을 보면 알 수 있다 합니다. 부정부패 공직자를 색출하는 수사기법 중 하나로 부인이 사치를 하면 명품매장 VIP(귀빈) 매출장부의 현금, 수표 매입을 확인하는 것입니다.

압수수색에서 현금 다발이 나오는 이유입니다.

마르코스 대통령의 부인 이멜다의 사치에 쓰인 돈은 남편인 대통령이 세금을 편취한 돈이거나, 기업을 착취한 돈이거나, 권력형사업에서 지분으로 받은 돈 이 확실할 것입니다

기업을 착취하거나, 민원에 관여하여 보답을 받거나, 권력형사업등으로 축재(蓄財)하여 사회문제를 야기한 사건은 우리나라도 예외는 아닙니다.

이승만대통령 작은 양아들, 김영삼대통령 아들, 김대중대통령 아들, 전두환대통령의 아들이, 이명박, 노무현대통령의 형제가, 박근혜대통령의 측근인 최순실 등이 대통령 권력을 이용하여 국책사업과 부동산사업에 유착하여 축재하거나, 기업을 편취하거나 민원으로 축재를 하여 국민을 분노케 하고 대통령을 곤경에 처하게 하고 국격을 훼손시키며 중형을 받

았습니다.

역대정부 중 유일하게 문재인정부가 친가(親家/외척포함)와 측근들의 부정을 차단하는 방책으로 민정수석실에 대통령가족 과 부인가족, 측근을 관리하는 민정비서관을 두었습니다.
그런데,
윤석열정부가 민정수석실을 폐지 하였습니다.
민정비서관을 두어도 인력과 정보의 한계로 감시하지 못하는데 감시가 해제되니 어떻게 되겠습니까
대통령 권력을 이용하는 물욕(物慾)을 제어하는 장치가 없어진 것입니다.
모든 사건은 범죄사실이 세상에 들어나게 될 때는 경찰이나 검찰의 수사가 있을 때입니다. 범죄가 진행되는 과정에서는 피해 당사자도 모르기 때문입니다.
하지만
권력형 사건은 돈을 벌기 위함이거나, 사건, 승진 등 민원을 해결하기 위하여 권력을 이용하기에 성공하면 세상에 들어

나지 않지만 실패할 경우 세상에 들어나는 사건이 권력형 비리 사건입니다.

설령, 실패한다 하더라도 자신도 부적절하고 공범이기에 권력형비리는 세상에 잘 들어나지 않지만 만약 세상에 들어나면 권력을 행사한 권력자는 그 사람에게 약점을 잡혀 오도 가도 못하는 신세가 되고 맙니다.

그 사람은 권력자를 친근한 사람이라 말하고 권력자는 그 사람을 계륵이라 말합니다.

권력자, 특히 대통령 권력을 등에 업은 대통령 가족과 외척은 사회통념상 대통령권력과 같은 위력을 가지기에 민정(民情) 수석실이 아닌 친정(親政) 수석실 설치는 대통령의 시대적 사명이라 하여도 무리가 없는 것입니다.

그러하기에 이를 경계하고 제어하는 방식을 제정하여 법제화 하여야 합니다.

대한민국을 소용돌이치게 한 권력형비리사건이 장영자 어음사기 사건입니다.

장영자는 전두환대통령의 부인인 이순자여사의 삼촌 이규광의 부인의 친동생으로 대학생 시절에 모기업의 회장과 홍모씨와 결혼하여 자녀를 낳은 후 두번을 이혼을 거쳐 박정희대통령의 육사동기, 중앙정보부 2차장, 국회의원을 거친 이철희와 3번째 결혼을 하고 자식을 낳지 못한(아니한) 당사자입니다.

사건에서 미인계라는 말이 나올정도로 미모가 출중하였기에 자신의 물욕(物慾)을 채우기 위한 목적으로 이철희의 권력과 자신의 미모를 이용한 것으로 역사는 기록하고 있습니다.

장영자 사건은 이순자여사의 삼촌 이규광과 남편 이철희를 앞세워 모임이나 리셉션을 주최하여 이를 언론을 통해 알리면서 인지도를 높인 다음 30대 재벌에게 현재의 물가로 환산하면 3~4조원에 달하는 6,404억 어음사기 사건입니다.

대한민국 내에서 일어나는 웬만한 사건사고는 거의 매일 청와대에 보고되기에 모를리 없던 청와대도 장영자의 어음사기 조짐을 알고 있었지만 대통령의 친척과 측근이기에 처음에는 방관하다가 일이 너무 커지게 되자 대통령이 부인에게 영향이 미치지 않는 선에서 수사를 명령하였다 고 역사는 기록하고 있습니다.

가석방으로 풀려난 장영자는 남편의 가진 권력의 미련과 배운 도둑질을 버리지 못하여 또다시 140억의 어음사기를 치고 구권화폐 사기사건등으로 4번의 감옥살이를 하였습니다.

장영자 사건이 우리에게 주는 교훈은 "대통령은 대통령의 친인척이 대통령의 권력을 악용하지 못하도록 관리하는 법적 시스템이 필요하다" 는 것입니다.

이와 유사한 사건이 공무원의 딸로 태어나 아버님이 돌아가시면서 편모슬하에서 자란 미모의 김명신과 어머님이 벌인 은행잔고증명서위조사건입니다.

이 사건은 이익금 분배에서 시작하여 분배권리자의 사문서위조 등을 밝히는 과정에서 불거진 사건입니다.

부동산사업가인 모씨가 경매 물건(物件) 중 낙찰하기만 하면 바로 100억원 정도의 수익이 가능한 것을 알고 이익금을 **:대 **%로 김명신의 어머니 최은순과 분배하기로 한 다음 이 물건을 낙찰하여 되팔은 최은순이 이익금 분배를 하지 않기 위하여 당시 분배계약(약정)서 작성자인 법무사의 허위

진술을 확보하여 부동산사업자 모씨를 사문서위조, 사기등 혐의로 재구성하여 감옥을 살게하였는데 감옥을 살고 나온 부동산사업자 모씨에게 미안함을 느낀 법무사가 당시 허위진술이었음을 시인함으로서 다시 재판을 하는 과정에서 최은순이 물건의 낙찰요건을 맞추기 위하여 은행잔고증명을 위조하고, 위조할때 김명신이 친구?(직원)을 이용하여 어머니의 은행잔고증명위조에 관여하였다는 사건입니다.

이 사건으로 최은순은 1년의 징역형을 받고 가석방으로 출소한 사건인데. 검찰수사과정에서 장영자의 사례와 유사한, 미모를 이용하여 권력자를 성으로 매수?하여 피해자에게 불리하게 작용토록 한 것입니다. (피해자도 공범)

김명신의 그릇된 사고는 권력가들이 자주 모이는 장소에 호기심으로 들락거리면서 완성된 것으로 보입니다.

여기서 학력과 미모는 어느 남자라도 헤어나지 못하게 하는 최대의 무기라는 것을 알게 되었을 겁니다.

양 모검사가 언론에 공개 하였듯이, 최은순이 경매로 취한 100억대를 혼자 독식하는데 여기서 만난 양모 검사를 이용한 것입니다.

김명신과 장영자가 유사한 것이 미모로 권력가를 이용하거나 결혼 또는 동거를 하였다는 점, 과시욕과 사치하다는 점. 자식이 없다는 점, 자유분방 하다는 점입니다.

김명신은 양모검사의 어머니에게 어머님하며 며느리처럼 행세를 하다가 양모검사가 검찰권력에서 내려오자(은퇴) 또다른 검찰권력을 물색하는데 그 때 소개받은 검사가 50대 총각 윤석열입니다.

그림 전시회 사업을 하던 김명신은 미모를 만들고 석, 박사 학위를 따기 시작하는데 대부분이 남의 논문을 카피하여 논란을 일으키고 학력과 경력까지 위조하였다는 의혹?을 받고 있습니다. 일종의 과시욕의 발로 입니다.

이때, 주가조작꾼들의 표적이 된 김명신은 도이치모터스 주가조작에 전주(錢主)로 참여하여 주가조작에 가담하여 어머니 최은순과 약 23억원의 돈을 벌게 되고 주가조작단은 발각되어 검찰의 수사를 받아 모두 징역살이를 하거나 벌금등 처분을 받았지만 김건희로 개명한 김명신과 김건희어머니 최은순은 수사도 하지 않은 사건이 김건희여사 도이치모터스 주가조작사건입니다.

이 범죄는 끝내 기소되지 않았습니다. 양모검사 은퇴후 새로 찾은 검찰권력자 윤석열이 있었기 때문입니다. 당시 주변의 사람들과 김건희 어머니 최은순의 말처럼 윤석열을 결혼상대라 하고 사위라고 하였는데 결혼을 하지 않아 성상납을 피하기 위하여 부랴부랴 결혼식을 올렸는데 당시 기사를 보면 " 2년의 교제끝에 2012년 3월 12일 대검찰청에서 결혼식을 올렸다".당시 대검찰청 중앙수사 1과장이던 윤석열은 52세, 김건희는 40세이다 "

김건희. 최은순은 주가조작사건의 최고형을 받아야 할 전주(錢主)임에도 처벌은 커녕 수사도 하지 않다가 윤석열이 대통령이 되고 2024년 7월 중순, 검찰청이 아닌 대통령경호처 별관에서 대통령부인 경호목적으로 검사의 신분을 확인하고 휴대폰을 보관시키면서 5시간 조사를 받았습니다.

김건희와 최은순을 제외한 모든 공범자가 처벌을 받은 도이치모터스 주가조작 수사가 시작된 지 10년이 넘은 시점이었습니다.

전형적인 검찰공화국의 모습이지요

더불어민주당 당대표 이재명이나 87,000원 법인카드를 사용한 부인, 그리고 뉴스타파 신문사와 진보언론 기자들은 직접 당사자도 아닌 보수단체가 고소하자마자 쏜살같이 달려가 압수수색하며 수사를 하는데 김건희에 대하여는 걸어가기는 커녕, 엎드려 기어가기는 커녕, 엎드려 있기만 하는 추악한 검찰공화국 검사의 모습을 보여주었습니다.

대통령실에 민정수석실의 민정비서관보다 강력한 친정수석실을 두고 친인척 및 측근을 관리하는 시스템을 법제화 하여야 하는 절대적 이유는 아르헨티아의 페론과 필리핀의 이멜다 같은 대통령의 부인을 대한민국에서 보아서는 안된다는 것입니다.

대통령부인은 대통령이 아닌 사인(私人)이지만 대한민국의 얼굴입니다.

그러하기에 대통령에 버금가는 경호인력과 예우를 하여주고 있고 보좌진의 보좌까지 받도록 하고 있습니다.

대통령부인은 대통령과 함께 대한민국의 얼굴(상징) 이기에 행동하는 것, 말 하는 것, 화장 하는 것, 옷 입는 것 까지 신경을 써야하기 때문입니다.

대통령부인은 대통령권력에 가까이 가기 위한 사람들의 표적이 됨으로 이를 사전에 경계 하여야 하고, 국가와 대통령의 명예를 위하여 인터뷰 등 메신저에서도 조심 하여야 하고, 화장과 치장도 겸손하게 하여야 합니다.

특히, 치장은 대통령부인으로서 가장 조심할 부분 중 하나로 사적, 공적으로 외국을 방문할 때도 신중하여야 합니다.

대통령 부인은 절대 사치해서는 안되는 것입니다.

예전에 국회의원 베스트드레서(옷 잘입는) 1위의 의원이 있었습니다.

기자 한분이 그 의원에게 잘 보이려고 생각한 국회의원 띄어주는 아이디어 기사였습니다.

수백만원 짜리 호텔양복에 명품구두, 와이셔츠, 넥타이와 타이핀 등 수백억 자산가 국회의원도 생각하지 못하는 것입니다. 납세자 국민과 동질성 확보 때문에 하고 싶어도 능력이 있어도 하지 않는 것입니다.

국회의원은 한달에 세금 제외하고 대략 8백5십만원을 받고 차량유지에 따른 전체비용, 식사비등 웬만한 것은 국회에서 지불하니 들어갈 것이 없지만 소속정당 직책당비. 지역사무실관리비, 가족생활비는 세비로 충당하여야 하는데 이를 충당하고 남은 금액과 명절보너스를 합쳐도 어림없는 일 입니다.

이 국회의원이 후에 어떻게 되었냐구요?

여러번 당선된 자신의 지역구경선에서 탈락하였습니다.

지역을 위하여 국회의원 뽑아 주었거니 삐까뻔쩍 하고 다니니 지역구민과의 동질성이 떨어진 것 이지요

국회의원 대부분은 선수에 관계없이 직책에 관계없이 지역구에 내려가면 점퍼를 입고 지역구민과 함께 지역구민이 먹는 음식을 먹습니다.

국회의원도 이러한데 대통령부인이 사치스러우면 이는 품격이 아니라 국민과의 이질감이 발생하고 나아가 국격을 훼손하는 결과를 초래 합니다.

아르헨티아 페론 대통령, 필리핀 마르코스 대통령의 몰락을 부추킨 것은 대통령의 부인인 에바페론, 이멜다가 사치를 즐기는 명품메니아 이었기 때문입니다.

대한민국 역대 대통령부인 중에 자유분방한 젊은 부인이 없었기 때문이기도 하지만 사치를 즐기는 명품메니아는 없었습니다.

기껏해야 브러치, 파우치, 시계 정도 였습니다.

어느 국가이든 외국 정상과의 회담에 동행하면서 대통령부인은 먼저 국가의 품위를 생각하여 그에 맞는 옷을 입습니다.

국익을 위하여 예의상 그 나라의 옷을 한번쯤 입어주기도 하지만 통상 자국을 상징하는 자국의 제품을 입습니다.

자국의 명품을 입기도 하지만 타국의 명품은 절대 입지 않습니다.

대통령 부인은 치장은 고급스럽지 않으면서 단정하고 깔끔해야 하는 것입니다, 그것이 품격입니다.

그것이 국격이기 때문이고 겸손이기 때문입니다.

사치를 즐기는 명품메니아들의 특징은 멋있고 고급스러움을 품격으로 생각합니다.

또한 같은 옷을 여러번 다시 입지도 않습니다.

남편이 화수분이거나 남편이 돈을 쉽게버는 사람들입니다.

사치를 즐기는 명품메니아들은 자신보다 더 멋있고 고급스러움을 수치로 알기에 더 고급스러운 것을 찾고 또 다른 명품을 찾습니다. 그리고 그것을 자신과 남편의 가치로 생각합니다.

자신의 남편보다 급이 낮은 사람이 자신보다 멋있고 고급스러우면 참지 못합니다. 같은 회사일 경우는 남편의 승진에까지 영향을 미치기도 합니다.

전제주의 왕조국가의 왕이 신하들과 유대강화를 위한 연회에서 신하의 부인은 왕의 부인인 중전과 빈(嬪)보다 옷차림과 치장은 덜 아름다워야 하고 덜 고급스러워야 하는 것과 마찬가지 입니다. 예의이고 겸손이기 때문입니다.

대통령부인이 국민을 만나는 행사에서는 멋있고 고급스러움보다 수수하고 깔끔함을 우선합니다. 국민과의 동질성을 표현하고자 하기 때문입니다.

윤석열대통령의 최대 리스크는 부인입니다.

사치와 무속, 그리고 과시욕과 오지랖 등 대통령의 부인으로서 가지지 말아야 할 것을 가지고 있기 때문입니다.

특히, 국정에 관여하거나 인사에 관여하여서는 안됩니다.

대통령 부인은 사인이기에 범법행위 입니다. 사안이 심하면 대통령탄핵을 불러오기도 하기 때문입니다.

더불어민주당과 언론, 시민단체와 국민이 대통령부인을 국정개입으로 의심하는 해병대 채수근상병 사망사건입니다.

민주주의대한민국공화국의 주인 인 국민의 한사람인 채수근은 헌법제 39조제1항: "모든 국민은 법률이 정하는 바에 의하여 국방의 의무를 진다."를 훼손하지 않기위하여 해병대에 입대하여 대민지원도중 급류에 떠말려 사망하였습니다.

그렇다면 국민보호의무를 가진 대통령과 정부와 여당이 먼저 책임소재를 확실히 하고 재발방지에 노력하여야 하는 것은 너무도 당연한 것입니다.

박근혜대통령의 세월호사건은 차치하더라도 이태원압사사고 때 보여주었던 무지함을 다시 보여주는 것은 4가지(仁義禮智)가 없는 짓입니다.

필자의 소심함의 발로인지 모르지만 먼저 나서서 사건을 규명하여야할 대통령과 여당이, 야당이 밝히고자 하는 특검을 대통령과 여당이 두번이나 열심히 반대하는 이유를 이해하기 어렵습니다.

그동안 언론에 공개된 내용만을 정리요약하면 그 이유를 알 수 있을까? 정리를 하여 보았습니다.

1. 홍수로 하천에 떠내려간 민간인 사망자의 수색을 명 받은 해병1사단 군인이 장갑차수색도 불가능한 하천에 바둑판형태로 정렬하여 물속을 수색하라는 임모 사단장의 명령을 수행 하던 채수근 상병이 급류에 휩쓸려 사망합니다.

　* 일반적으로 하천에 떠내려가는 시신은 물굽이 부근이나 천변(변두리)의 풀이나 나무에 걸리기에 물속은 수색하지 않습니다.

2. 박모 수사단장이 수사를 하면서 지휘권이 없는 사단장이 해병대를 상징하는 빨간색 옷을입고 천변이 아닌 물속을 바둑판식 배열로 수색을 지시한 것을 알게 되었고 사단장의 명령을 하달한 여단장, 대대장, 중대장, 소대장 등 8명에 대하여 과실 또는 과실치사로 특정하여 군법에 따라 경북경찰청 이첩에 따른 국방부장관의 결제를 받고 다음 날 사건브

리핑을 거쳐 이첩하기로 합니다.

* 지휘관은 해병1사단장이 아닌 50사단장으로 지휘권이 없는 해병1사단장의 지시는 불법으로 과실치사범죄입니다.

3. 다음 날 사건브리핑을 취소합니다. .

대통령이 개인핸드폰으로 외국에 출장 중 인 국방부장관과 세차례 정도 통화 후 국방부장관 지시로 브리핑을 취소합니다.

* 통화내용은 말하지 아니하고 있지만 특정한 8명에 대한 범죄사실을 재조사 하라는 의미가 아니면 다른이유는 없을 것입니다

4. 대통령 비서관회의에서 대통령이 "이러한 사건으로 사단

장을 문책하면 누가 사단장을 하느냐"는 며 격노하였다 하는데, 대통령실과 여당은 그런일이 없었다고 항변하지만 대통령이 "왜 무리하게 하여 군인을 죽게 만들었냐는 취지로 장관에게 화를 낸적이 있다"고 말을 합니다.

5. 브리핑은 취소되고 해병대 김모 사령관은 박모 수사단장에게 경찰청이첩을 보류하라 지시합니다.

박모 수사단장은 이첩하지 않으면 더 큰 문제가 생긴다며 반대합니다 (박모 수사단장의 증언)

김모 사령관은 대통령이 '이런일로 사단장을 문책하면 누가 사단장을 할거냐" 라며 대통령이 격노하였다는 말을 합니다 (박모 수사단장의 증언)

박모 수사단장에게 국방부 법무관이 범죄특정에 관하여 전화를 합니다. (박모 수사단장은 이를 외압으로 판단).

박모 수사단장이 경북경찰청에 이첩을 합니다.

대통령실 근무자. 국방부법무관리관 경북경찰청 통화후 접수된 수사자료를 국방부검찰단이 회수합니다

박 모 수사단장을 항명수괴죄로 기소하고 보직을 해임시킵니다.

국방부차관은 국방부감찰단이 거절하자 국방부장관의 결제를 받아 수사토록 하여 수사자료를 경북경찰청에 이첩합니다.

경북경찰청은 사단장의 지시를 받은 여단장과 안전장비 담당을 과실치사로 사단장 임성근을 제외한 대대장 이하는 과실로 발표를 합니다.

항명수괴죄로 군사재판에 회부된 박모 수사단장은 국방부장관과 사단장을 공수처에 고발합니다.

대통령은 공수처에 고발되어 출국금지조치된 국방부장관의 출국금지를 해제하여 제 23대 호주대사로 임명 출국하였으

나 국제여론이 악화되자 국내 회의 명분으로 4월11일 입국하여 국내에 거주하고있으나 2024년 7월 26일 현재 외교부 홈페이지의 호주대사는 이종섭으로 되어있다.

이 사건의 핵심은 해병1사단 채수근상병인데 본질은 어디가고 대통령과 사단장 임성근이 주인공이 되어버렸습니다.

그리고 이를 특별검사를 지정하여 명명백백히 밝히자는 21대 국회 채상병특검법은 윤석열대통령의 거부권으로 21대 국회 마지막 본회의인 5월 28일 재석의원 294명, 찬성 179, 반대 111, 무효 4로 부결되었고 22대 국회에서 재발의 하였지만 또다시 대통령의 거부권으로 7월25일 재석의원 299명, 찬성 194, 반대 104, 무효 1로 부결되었다.

참고

대통령의 의결이 필요한 국회의 의결은 국회의원(재적의원)의 과반수 출석(재석)과 출석(재석)의 과반수 찬성이어야 하며 정부(대통령)에 송부한 의결을 대통령이 거부한 안건은 국회의원 재적의원 2/3 출석(재석)과 출석(재석)의 2/3찬성이 있어야 하며 2/3찬성이 있을 경우 대통령은 이를 거부할 수 없다. 만약 이를 대통령이 공표하지 않을 경우 국회의장이 공표하여도 대통령이 공표한 효과를 가지도록 규정하고 있으며. 대통령의 의결을 필요로 하지 않는 법안이 대통령탄핵으로 국회의원 재적의원 2/3 출석(재석)과 출석(재석)의 2/3 찬성이 있을 경우 이 법안은 헌법재판소의 판결로 결정됩니다.

공수처의 수사와 1,400,000여명의 국회동의청원으로 개최한 법제사법위원회(위원장 정청래) 윤석열 대통령 탄핵소추안 발의 요청 청문회와 언론이 증빙하는 기사를 통해 밝혀진 내용은 대통령이 발표한데로 혼을 내주었다 를 시작으로 대통령실 근무자. 국방부장관,차관, 법무관리관, 해병대사령관

등이 대통령의 개인휴대전화와 대통령실 전화로 통화를 하며 2~3일을 매달렸는데 이를 살펴보면

7월31일

10시54분 국방부장관 대통령실 전화받고 사령관에 사건브리핑 취소지시

11시54분 윤석열대통령, 국방부장관에게 전화, 3분후 국방부장관이 해병대사령관에게 전화, 3분후 수사단장에게 전화(이첩보류지시)

8월2일 11시50분 경북경찰청 사건이첩(박모 수사단장)

12시7분 윤석열대통령, 국방부장관에게 전화

12시43분 윤석열대통령, 국방부장관에게 전화

12시57분 윤석열대통령, 국방부장관에게 전화

13시25분 윤석열대통령, 대통령실 국방비서관에게 전화

13시30분 국방부차관집무실(법무관리관. 검찰단장 회의)

13시30분 국방부차관, 윤석열대통령에게 전화

13시42분 대통령실 국방비서관, 국방부법무관리관에게 전화

13시51분 국방부법무관리관, 경북경찰청에 전화

13시54분 국방부차관, 대통령실 국방비서관에게 전화

15시30분 국방부검찰단, 경북경찰청 사건회수 출발

15시40분 국방부차관, 윤석열대통령에게 전화

16시21분 윤석열대통령, 국방부장관에게 전화

16시32분 국방부차관, 해병대사령관에게 전화

19시20분 국방부검찰단, 경북경찰청으로부터 사건회수

이상의 전화통화 과정을 보면 사건접수부터 사건회수까지 윤석열대통령이 직접 챙긴 것으로 보입니다.

국방의 의무를 다하기 위하여 군대를 간 젊은이, 아들같은

젊은이의 죽음보다 더 중요한 것이 있기에 대통령이 전화통만 잡고 있었다는 것이 아니냐는 것입니다.

그런데 아이러니 하게 손가락은 임성근 해병대1사단장에게 쏠린다는 것입니다.

임성근 해병대1사단장을 수사대상에서 제외하라는 것이 밝혀지기 시작한 것입니다.

그런데 이상한 것은 윤석열대통령의 친구도 아니고, 학교 선후배도 아니고, 그렇다고 사돈의팔촌도 아닌 임성근 해병대1사단장을 위하여 대통령이 이렇게 신경을 쓴다는 것은 다른 이유가 있다는 합리적인 의심에 도달한다는 것입니다.

그 합리적인 의심이 김건희여사의 주가조작사건에서 쩐주(錢主) 김건희여사의 통장을 관리하였다는 이모씨의 통화녹음에서 임성근 사단장에게 사표를 제출하지 마라 VIP에게 이야기 하겠다 (VIP에게 잘 이야기 할테니 조용히 있어라). 해병대에 4성장군 계획있다 임성근을 만들어야지,(임성근을 4성장군으로 만들어야지). 윤석열과 김건희 우리가 결혼시켰다. 는 등 통화가 공개되면서 대통령이 그렇게 신경 쓴 이유는 김건희여사 때문이라는 것이라는 의심이 든다는 것입니다.

대통령부인이 이러한 의심을 받고 안받고의 문제보다 대통령 부인을 대통령권력에 접근하려는 자들의 통로로 이용하기 때문인데 만약 대통령부인이 대통령의 부인이 되기 전 사업을 하던 사람이라면 당시 교류를 한 사업자들의 접근을 제어하지 못하면 오욕칠정을 다스리지 못하는 인간으로서 그 유혹에 자유롭지 못할 것은 자명합니다. 더구나 장영자의 경우처럼 감옥까지 가는 중형을 받았음에도 자기버릇 못 버리지 못하여 동질의 범죄를 두번세번 반복하기에 김건희여사와 같은 경우에는 반드시 민정(民情)수석실이 아닌 친정(親政) 수석실의 법제화가 필요한 것입니다.

『마』

무분별한 붕당(朋黨)을 경계하는 일 입니다

대한민국에는 49개의 정당이 설립되어있습니다.

대부분 사단법인의 목적을 강령으로 삼고 있는 경우가 많습니다

이토록 정당이 난립하는 것은 사단법인 보다 운영이 용이하고 후원 및 기부가 자유롭고 정당절차가 용이하고 정부의 지원금까지 챙길 수 있기 때문입니다.

그리고 국회의원 한명만 있으면 후원 및 기부, 정부의 지원으로 소위 땅짚고 헤엄치기 사업?과 같기 때문입니다.

정당의 창당절차를 엄격히 할 필요가 있습니다.

정당을 설립하기 위하여는 5개의 시도당 창당을 하면 되는데 한 시도당 당원 1천명, 5천명이면 등록이 됩니다.

중앙당 사무실을 마련하여 선거관리위원회 등록을 마치고 대통령선거, 국회의원선거. 지방선거에 후보자를 내면 선거

보조금을 챙길 수 있고 국회의원 한명만 있어도 정당득표율 2%만 되어도 4년간 정당운영보조금(경상보조금)을 받을 수 있어 땅 집고 헤엄치는 사업?입니다.

어느 정도 인지도가 있는 정치인이나 활동력이 있는 사단법인 정도가 마음만 먹는다면 그렇게 어려운 일이 아닙니다.

2023년 기준 정당운영보조금(경상보조금)은 476억으로 476억의 50%, 238억은 국회교섭단체 기준인 20석을 넘는 정당이 나누어 받고, 나머지 238억은 5석 이상이 238억의 5%를 받고, 2석이상은 2%를 받고 나머지는 나머지의 50%는 정당의 의석수 비율로 나누어 받고 50%는 직전 총선의 정당득표수 비율로 나누어 받는다. 이때 22대 총선에서 한석도 얻지 못하였지만 지난 총선에서 의석이 있었다면 보조금을 받을 수 있는 것입니다

또한 대통령선거 보조금 465억은 대통령에 출마하는 정당이 받는데 끝까지 완주하지 않아도 반환의무가 없습니다.

또한 국회의원선거에 500억. 지방선거에 280억을 보조하는데 배분하는 방식은 위와 비슷합니다.

정당에게 이러한 혜택이 이러하기에 5개시도당 사무실 포함 창당비용. 중앙당 사무실포함 창당비용 대략 2~30억 과 웬만한 사단법인 이라면 쉽게 창당할 수 있기에 49개의 정당이 난립하여 국민을 호도하고 편가르기 하고 있는 것입니다.

그렇다고 정당설립을 강제할 수는 없습니다.

정당설립조건을 당원 3천명, 8개 시도당으로 하고 창당 후 첫번째 선거와 두번째선거 (대통령선거를 제외한 국회의원선거와 지방선거)에서 국회의원 5/100. 지방선거1/100 후보를 출마시키지 않거나 두번의 선거에서 2/100를 득표 하지 못하였을 경우, 자동으로 등록을 취소하는 것으로 바꾸어 무분별한 붕당을 지양하여야 할 것입니다.

『바』

저출산 해법은 돈이 아니라 적성맞춤교육입니다.

세계 최하위 빈민국이 세계 역사상 최초로 70년 만에 세계 10대 경제부국, 5대 국방강국으로 세계속에 우뚝서 있지만 세계 최하위의 출산율로 미래에 대한 불안이 가중되고 있습니다.

출산비지원. 무상교육, 무상급식, 돌봄서비스 확대, 주택구입비 융자 등의 정책으로 고군분투하지만 뚜렷한 성과를 내지 못하고 있습니다.
근본적인 원인을 파악하지 못하고 있거나 알고 있으나 할 용기가 없기 때문입니다.
근본부터 뜯어 고쳐야 하는데 엄두가 나질 않기 때문입니다.
국민은 알고 있는데 정부 만 모른다는 것입니다.

2023년 출생자 23만명이 지속될 경우 우리의 아들딸과 손자손녀들의 삶은 풍요속의 빈곤이라는 터널속에서 살아갈 수 밖에 없습니다 저출산문제는 하루라도 늦출수 없는 문제이고 지금 우리가 해결하여야 할 막중한 소임입니다.

연령별, 연도별 예상 인구수 (1)

* 사망인수 제외한 증감 수치입니다.

연령별	연도별	2022	2032	2042	2052	2062	2072
계		51,672,569	55,130,239	56,961,509	56,344,176	52,933,622	46,019,829
0-4	2018 2022	g1,494,041	a1,695,217	c1,552,618	e1,155,919	g747,020	776,309
5-9	2012 2018	f2,142,084	b1,814,392	d1,143,936	f1,062,042	f1,071,042	571,968
10-14	2007 2011	e2,311,839	g1,494,041	a1,695,217	c1,552,618	e1,155,919	g747,020
15-19	2002 2006	d2,287,873	f2,142,084	b1,814,392	d1,143,936	f1,062,042	f1,071,042
	소계	8,235,837	7,145,734	6,206,163	4,914,515	4,036,023	1,073,136
20-24	1997 2005	c3,105,237	e2,311,839	g1,494,041	a1,695,217	c1,552,618	e1,155,919
25-29	1992 1996	b3,628,784	d2,287,873	f2,142,084	b1,814,392	d1,143,936	d1,143,936
30-34	1987 1991	a3,390,434	c3,105,237	e2,311,839	g1,494,041	a1,695,217	c1,552,618
35-39	1982 1986	3,482,511	b3,628,784	d2,287,873	f2,142,084	b1,814,392	f1,062,042
40-44	1977 1981	4,035,019	a3,390,434	c3,105,237	e2,311,839	g1,494,041	a1,695,217
45-49	1972 1976	4,061,992	3,482,511	b3,628,784	d2,287,873	f2,142,084	b1,814,392
50-54	1967 1971	4,489,552	4,035,019	a3,390,434	c3,105,237	e2,311,839	g1,494,041
55-	1962	4,113,	4,061,	3,482,	b3,628,	d2,287,	f2,142,

59	1966	957	992	511	784	873	084
60-64	1957 1961	4,148,113	4,489,552	4,035,019	a3,390,434	c3,105,237	e2,311,839
65-69	1962 1956	3,063,850	4,113,957	4,061,992	3,482,511	b3,628,784	d2,287,873
	소계	10,151,846	34,907,198	29,939,814	25,352,412	21,176,021	16,659,961
70-74		2,164,766	4,148,113	4,489,552	4,035,019	a3,390,434	c3,105,237
75-79		1,596,539	3,063,850	4,113,957	4,061,992	3,482,511	b3,628,784
80-84		1,238,755	2,164,766	4,148,113	4,489,552	4,035,019	a3,390,434
85-89		646,358	1,596,539	3,063,850	4,113,957	4,061,992	3,482,511
90-94		218,926	1,238,755	2,164,766	4,148,113	4,489,552	4,035,019
95-99		45,030	646,358	1,596,539	3,063,850	4,113,957	4,061,992
100 이상		6,909	218,926	1,238,755	2,164,766	4,148,113	4,489,552
		5,917,283	13,077,307	20,815,532	26,077,249	27,721,578	26,193,529

위 표의 수치는 통계청 2022년 인구자료를 근거로 100세 이하는 사망자를 제외하고 100세이상을 사망자로 추정하고 2023년 출생자 230,000명 (남여 5:5) 전체가 결혼하여 아이 한명을 출산하는 것으로 기준으로 작성한 10년 주기 인구수 입니다

* 50년후 인 2072년이 되어도 총 인구는 줄지 않습니다.

  69세 이하는 감소하고 70세 이상 고령인구는 증가합니다

* 저출산이 망국병이라함은 근로인수가 감소하면서 세수가

  급감하기 때문입니다.

10년 단위별 예상 인구수 (2)

	2022	2032	2042	2052	2062	2072
0-19세	8,235,837	7,145,734	6,206,163	4,914,515	4,036,023	3,166,339
20-69세	37,519,449	34,907,198	29,939,814	25,352,412	21,176,021	16,659,961
70-100세 이상	5,917,283	13,077,307	20,815,532	26,077,249	27,721,578	26,193,529
1인당 부양인수	0.377	0.545	0.822	1.172	1.535	2.092
피부양인수	14,153,120	20,223,041	27,021,695	30,991,764	31,757,601	19,359,868
피부양인 비율 %	38.7%	57.9%	90.0%	122.0%	150.0%	116.2%
22기준 노동인수 %	100.0%	93.0%	79.8%	67.6%	56.4%	44.4%
운영부담율 %	100.0%	107.0%	120.2%	132.4%	143.6%	155.6%

위 표에서 주지 할 것은

국가원동력인 노동인구 감소입니다.

대한민국 운영에 필요한 비용은 국민이 의무적으로 납부하는 세금입니다.

세금을 납부하지 못하면 국가는 존재할 수 없습니다.

그렇다면

세금을 납부할 노동인구가 줄어들면 국가의 운영이 어려워지고 또한 원자재를 수입하여 제품을 생산하여 수출하는 수출의존국인 우리나라는 국가경쟁력이 저하될수 밖에 없습니다.

노동인구가 감소하면 세금부담이 증가될 수 밖에 없습니다. 세금납부가 자유로운 70세이상의 고령자가 증가하면서 19세부터 69세 이하의 노동인구의 세금부담이 늘어날 수 밖에 없는것 입니다.

2022년에 230,000명 남여 (5:5)가 현재와 같이 34-5살에 결혼할때 2057년의 출생자는 115,000명입니다.

영토할 수호할 군인문제. 병역기간의 문제까지 고민하여야 한다는 것입니다.

*국가의 위상은 수익에 따라 결정되고 그 수익은 노동인구에 의해 좌우됩니다. 국가의 원동력인 노동인구가 감소한다는 것은 국가원동력, 국가경쟁력이 저하되는 것으로 2022년을 기준으로 2032년 7% 하락하고 2042년 20.2%. 2052년 32.4%. 2062년 43.6%. 2072년 55.6% 로 하락하고 국가운영비(일인당 세금부담율)는 2022년 국가운영비를 기준으로 2032년 7% 상승하고 2042년 20.2%. 2052년 32.4%. 2062년 43.6%. 2072년 55.6% 로 상승하는데 이는 세금을 내는 노동인구의 변화와 비례하기 때문입니다.

원자재를 수입하여 가공하여 수출하는 제품 생산량도 마찬가지 입니다. 2022년 100개를 생산하였을때 2032년 93개. 2042년 79.8개. 2052년 67.6개. 2062년 56.4개 2072년이 되면 44.4개로 줄어듭니다.

*과세자인 노동인구 10인이 2022년에는 37.7인을 부양하였다

면 2032년 54인 2042년 82인. 2052년 117인. 2062년 150인 2072년이 되면 116인을 부양하여야 됩니다.

* 2032년이 되면 20-24세 젊은이는 230만명. 2042년 150만명. 2052년 169만명 2062년 155만명. 2072년 115만명이 됩니다.

*2023년 출생아 230,000명이 2042년 21세가 되어 군복무를 하게 되는데 복무기간 2년, 병력 500,000명 기준으로 115,000명의 남성 전체가 4년 6개월을, 남여전체가 복무하여도 2년3개월을 근무하여야 합니다. 직업군인을 20만명으로 한다 하여도 남성 전체가 2년 8개월을 복무하여야 합니다.

*이렇게 병역을 마친 25세의 115,000명의 취업은 걱정하지 않을 겁니다. 다만, 제조기업은 외국으로 이전하여야 하고 농,어,축산업은 외국인을 고용하여야 하는 사태에 직면하게 될 것입니다.

남녀비율 5:5로 하여 연 115,000명 출생이 지속된다면 2023년에 태어난 아이가 50살이 되는 50년 뒤, 2074년에 이 땅에 무슨일이 벌어지고 있을까 ?

18살 이하는 2,952,000명 19살 부터 20살은 445,400명, 21살 부터 69살은 16,428,,000명. 될 것이고 70살이상은 26,000,000명으로 노동인구 총수는 16,873,400명 뿐 입니다.

2024년 1월 산업별 종사자 수

광업	12,000	예술,스포츠 및 여가관련서비스업	302,000
제조업	3,746,000	협회 및 단체수리, 기타 개인서비스업	507,000
전기,가스,증기, 공기조절공급업	66,000	도,소매업	2,308,000
수도,폐기물처리, 하수,원료재생업	129,000	운수, 창고업	752,000
건설업	1,451,000	숙박, 음식업	1,155,000
정보통신업	788,000	부동산업	456,000
공공행정,국방 및 사회보장행정	875,000	전문,과학 및 기술서비스업	1,305,000
교육서비스업	1,566,000	사업시설관리,지원 및 임대서비스업	2,344,000
보건업 및 사회복지서비스업	2,344,000	**총계**	**19,808,000**

공무원, 군인 수

입법부	4,188	육군	365,000
사법부	18,075	해군,해병대	70,000
헌법재판소	348	공군	65,000
선거관리위원회	2,977		
행정부(국가)	755,171		
행정부(지방)	390,873		
총 계	**1,171,632**		**500,000**

위표에 따르면 2024년 필요노동인구는 20,308,000명으로 2072년의 노동인구는 16,873,400명이 되어 남녀모두가 70세까지 일을 하여도 국가원동력이 20% 감소하여 세계 10대 경제부국은 먼 옛날의 이야기로 남을 수 밖에 없는 상황이 되는 것입니다.

더욱 심각한 것은 국토수호에 따른 국방인력입니다.

115,000명 남성전체가 4년6개월을 복무를 하여야 한다는 것이고 복무기간을 40% 감축하여도 2년3개월을 복무하여 합니다. 남,녀 전체가 복무하였을때 전자는 2년3개월 후자는 1년2개월 군복무를 하여야 합니다.

저출산 근본원인은 적성맞춤의 부재입니다.

정책이란 기존의 잘못된 것을 바로잡는 것입니다. 정자정야와 같은 맥락입니다.

잘못된 것을 바로잡기 위하여는 왜? (잘못되었는지) 를 찾고 왜?의 오류를 바로잡는 것에서 시작합니다.

저출산 발생의 왜?를 짚어보면, 먼저, 결혼연령이 33-34세가 된 이유가 무엇인가 입니다.

국민도 정부도 다 알고 있는 일자리(직업)의 부족입니다.

그런데 왜? 일자리 부족한지에 대하여 알기는 아는데 정답을 찾지 못할 뿐입니다.

그 이유를 찾기 위하여는 출생부터 결혼까지의 과정을 살펴보아야 합니다.

결혼 - 출생 - 결혼 - 출생

나이	과정	내용	특기사항	부모나이
0-6	출산육아	부모육아 2년, 돌봄위탁 4년	출산,육아휴가 미보장	39세
7-12	초등학교	암기위주교육 학원 1-3개	공부가 직업	45세
13-15	중학교	암기위주교육 학원 1-3개	공부가 직업	48세
16-18	고등학교	암기위주교육 학원 1-3개	공부가 직업	51세
19-24	대학교, 병역	강제적적성교육, 휴학, 재수	적성인지 시기	57세
25-27	취업시험 준비	일자리위주취업, 공무원 선호	적성무관 취업	61세
28	취업	연봉5~6천만원. 3천이면 황송	실업자발생	62세
29-32	주택마련	전세주택 마련 2억원	실업자발생	66세
33	결혼	직업, 직장, 주택		67세
34	출산		육아,교육비 2~5억원 평균 3억원	68세

	A				B		
나이	과정	내용	부모나이	나이			부모나이
1-6	육아 6년	육아2년 돌봄4년	34	1-6	육아 6년	육아2 돌봄4	31
7-12	초등 6년	인성 역사 체력교육	40	7-11	초등 5년	인성, 역사, 체력교육	36
13-15	중등 3년	소질계발	43	12-16	중,고등 5년	소질개발 맞춤교육 소질계발	41
16-18	고등 3년	소질개발 맞춤교육	46				
19-23	대학3. 병역1-2	적성완성 교육	51	17-21	대학3. 병역1-2	적성완성 교육	46
24-26	대학원 3년--	직업맞춤 교육	54	22-24	대학원 3년---	직업맞춤 교육	49
27		취업. 주택제공	55	25		취업. 주택제공	50
28		결혼	56	26		결혼	51
28-29		출산	57	28-		출산	53-

B안을 살펴보면 A안이 보입니다.

1. 육아기 6년

   1년 반에서 2년은 부모의 품에서 커야 됨은 당연하기에 출산 3개월 전부터 출산, 육아휴가 2년을 보장하고 초등학교 입학시 까지 돌봄을 보장하여야 합니다.

현재 시행하는 청년신혼임대아파트 이외에 용적율, 건폐율, 사선, 녹지비율을 완화한 청년, 신혼임대아파트공급을 확대하여 신입사원, 신혼부부에게 공급하고 초등학교 졸업시까지 거주하도록 하는 것입니다.

2. 초등학교 5년

   인성이 완성되고 소질이 나타나는 시기입니다. 정규교육과 더불어 역사, 문화, 체육중심교육에 충실하여 소질의 낌새를 부모와 상의를 합니다.

3. 중학교 3년 고등학교 3년을 5년으로 통합 중,고등학교

장점은 교사의 지식전달 효과가 크다는 것입니다.

좋은 스승은 오래 묵을수록 제자에게 두배의 지식을 받기 때문입니다. 제자의 능력과 한계를 파악하여 맞춤교육효과가 증대되기 때문입니다.

통합으로 비어있는 학교부지에 중고등학생 가정만 입주하는 중고등학부모전용임대아파트를 공급하면 서울시의 경우 중고등학생 가정의 절반은 주택걱정을 하지 않는 효과를 가지게 됩니다.

4. 중,고등학교에서 적성맞춤교육을 받고 자신의 적성을 완성하는 대학을 졸업하고 병역을 마친 후 3년의 대학원 (특성전문대학)에 입학하여 자신의 특성과 매치되는 기업의 기술을 습득하여 취업을 할 경우 조기 졸업할 수 있는 적성맞춤교육을 제도화 하는 것이다.

장기간 교육이 필요한 의과 법과 등의 대학원(특성전문대학) 졸업은 전자와 같이 하되 졸업기한을 둘 필요는 없습니다.

대학 기숙사를 확충하여야 합니다.

통학시간과 통학비용이 감소하고 교육시간이 증가하여 배움에 도움을 줄 수 있습니다.

요약하면, 학교교육기간을 6-3-3-4(4) / 16년 (4년) 교육을 5-5-3(1~&) / 14년(1~&) 으로 단축하여 부모의 물질적 손실을 감소시키고, 학교생활의 정신적 손실을 감소시키며, 소질의 계발과 개발을 통한 맞춤교육으로 취업이 용이하고, 직업(직장) 쏠림현상을 지양하고, 정부주도 임대아파트를 공급함으로서 주거부담을 해소하여 결혼의 부담을 덜게하고, 24개월의 출산, 육아휴가와 복직을 보장하고, 돌봄서비스를 확대함으로서 안정된 직장생활의 담보와 중고등 통합으로 비워진 학교부지에 학생이 있는 가정이 입주하는 정부주도 학부모전용임대아파트를 공급함으로서 결혼하기, 아이 낳고, 키우기, 취업하기 좋은나라가 만들어지게 될것 입니다.

특히, 아이가 커서 결혼하여 아이를 낳고나면 부모는 자신의 행복만을 위하여 살수가 있는데 그 나이가 54~55세이다.

대한민국 국민은 54~55년의 절반은 부모의 도움을 받아 성장하고 54~55년 절반은 아이를 위하여 살고 54~55세 이후는 자신을 위해 사는 세계 최초의 인간행복 최고국가가 될것 이며 망국병인 사교육비를 걱정하지 아니 하여도 되는 나라가 될 것입니다
,

아이를 낳아야 하는 절대적 이유가 우리의 아들과딸 그리고 손자손녀들과 애국적 기업이 이룩한 세계 10대 부국, 5대 국방강국이 아이를 낳지 않아 국가경쟁력이 저하되어 세계 10대 부국, 5대 국방강국이 후퇴하고 어르신들의 보호비용 증가로 세금이 가중된 우리의 아들과 딸 손자, 손녀들의 행복이 담보되지 않는다는 것 입니다.

『사』

생활폐기물 문제입니다.

음식폐기물은 완전하지 않지만 국민의 인식과 정부대처가 수준급 이라 생략합니다.

막아도 막아도 막을 수 없는 생활폐기물 문제입니다.

생활폐기물은

1.신문 , 박스 등 종이류

2.아이스펙 등 냉동식품보호 폐기물

3.상품을 담아주기 위하여 사용하는 봉투

4.배달음식 일회용 용기

5.식음류, 주류. 약류 유리용기

6.농업용 비닐 (폴리에틸렌필름) 등 있습니다.

1. 신문 , 종이박스 등 종이류입니다

의료복지를 필두로 사회복지가 확대되면서 안정감을 찾은 국민은 잠재되어 있던 유교사상의 도덕성이 생활문화로 자리잡으면서 분리수거는 도덕적 의무로 자리 잡았습니다.

음식류는 음식물쓰레기전용봉투와 무선인식종량기 RFID 방식을 사용하고 생활폐기물은 재활용 가능유무에 따라 분리하여 배출하는 도덕의식으로 수거와 수송에 안정감을 찾았습니다, 특히 신문, 책, 박스등 종이류는 지정된 장소라 아니더라도 용돈을 하려는 동네의 어르신이 수집하여 중간상(고물상)을 통해 재활용업체에 판매하기에 크게 걱정할 단계는 아닙니다.

다만, 어르신의 안전과 근거리 수집장의 다양화가 요구됩니다.

2. 아이스펙 등 냉동식품보호 폐기물

홈쇼핑과 인테넷셔핑으로 물류가 늘어나고 유통이신속해 지면서 서울에서 제주도의 신선한 생선을 하루만에 먹을 수 있는 시대가 되었습니다. 좋은것이 있으면 반드시 나쁜것이 있듯이 신선도 유지에 사용하는 고흡수성폴리머를 이용한 아이스펙은 일년에 약 2억개의 폐기물이 발생하고 있습니다.

아이스펙의 내용물은 자신의 무게 1,000배 까지 물을 흡수하는 고흡수성폴리머로 물을 흡수하여 고체로 만들어 얼린다음 비닐봉투에 담은 것입니다.

아이스펙을 버릴때는 내용물은 일반쓰레기로 봉투는 별도로 버려야 합니다.

아이스펙은 재사용이 가능한 쓰레기입니다. 얼려서 식당 같은 곳에서 음식물을 보관하는데 사용하기도 합니다.

그런데, 사람이 섭취하여도 해가없는 고흡수성폴리머라면 하수(싱크대)나 오폐수(변기)에 버려도 되는데 제작단가가 높아 소비자부담이 클 것입니다.

3.상품을 담아주기 위하여 사용하는 봉투

비닐봉투와 농업용 비닐입니다.

비닐봉투 사용은 법으로 억제하여 대형마트나 백화점에서는 사용할 수 없지만 재래시장이나 골목시장에는 필요악이라 허용하고 있는데 썩는데만 100년이 걸리는 골치거리입니다.

비닐(폴리에치렌필름) 쓰레기가 가장 많이 발생하는 것이 농자재입니다. 비닐하우스 와 밭 이랑을 도포하는 비닐필름입니다.

잡초와 병충을 방지하고 수분증발을 더디게 하도록 밭 이랑을 도포하는 필름은 이미 밭 농사에 반드시 필요한 자재가 되었습니다. 밭 이랑을 도포하지 않으면 아예 농사를 지을 수가 없기 때문에 밭 이랑을 도포하는 농기계까지 개발하여 사용하고 있습니다.

좋은 일이 있으면 나쁜 일도 있듯이 , 매년 새로 구입하여야 한다는 것과 금액이 만만찮다는 것입니다.

2023년 기준 매년 20kg의 필름 600,000롤 700억원 상당을 구입합니다. 매년 농가의 부담이 700억원 이고 수거, 관리, 수송에 따른 국가부담이 120억원 입니다.

재래시장과 골목상권에 불가역적으로 발생하는 막대한 비닐봉투를 재활용 하는 방안으로 필자는 매년 밭 이랑을 도포하는 비닐을 대체하는 농자재, (가칭) 이랑모 (밭이랑 모자)를 개발? 한 적이 있었는데

강점(strength)과 기회(opportunity) 에서는 출중? 하지만 약점(weakness)이 방화성이었습니다. 비닐제품은 햇빛에 일년정도 노출하면 자외선 효과가 감소하고 깨지기(삭음) 때문에 그대로 토양에 흡수되어 토양을 오염시켜 농토를 황폐시키기 때문입니다. 이를 방지하기 위하여는 고정 철사등 을 삽입하여 두께를 조절하여 4~5년 사용할 수 있도록 제작하면 농사에서도 이익이 되지만 초기 부담이 커서 상품으로서

가치가 떨어지는 것이 위기(threat) 입니다.

매년 소모하는 금액이 700억원으로 4년이면 2,800억원 5년이면 3,500억원 인데 반하여 가칭, 이랑모 약 1,800억원을 들여 4년을 사용하면 1,000억, 5년을 사용하면 1,700억원이 절약되는데 초기 1,800억원의 부담이 걸림돌입니다.

가칭, 이랑모를 사용할 경우 정부는 매년 120억원에 달하는 수거. 보관, 수송비용을 절감되고 농자재비닐 폐기물 재활용 내지 소각 또는 매립비용이 절감되는 효과를 감안하여 "비닐농자재 지원법"으로 4~5년 주기(週期)로 50%를 지원하면 가능하다는 판단이었습니다.

4. 배달음식 일회용 용기입니다.

중화요리(중국집) 하면 떠오는 것이 배달입니다.

이제는 육, 조류를 비롯한 대부분의 음식이 배달의 신속함으로 일회용용기 폐기물이 날로 급증하고 있습니다.

배달업의 시장도 엄청나게 확대되어 아르바이트 일자리 창출에 한몫을 하고 있는 것이 배달입니다.

그러한 효과는 감사하지만 문제는 배달음식포장지와 일회용 용기 쓰레기가 급증하여 수거. 수송. 폐기비용이 급증하였다는 것입니다.

생활폐기물 수거사업자는 대부분의 폐기물은 배달과정에서 나오는 일회용이고, 부피는 크고 중량이 가벼워 외국 노동자를 고용하지 못하면 언제라도 사업을 접어야 할 정도에 이르렀습니다.

육류, 조류, 분식류를 중심으로 음식이 배달되는데 용기는 100% 프라스틱 과 비닐로 만들어진 일회용이기에 부피만 크기 때문입니다

중국요리 배달 초창기와 코로나 이전, 임금이 오르기 이전에는 배달하고 수거를 하였습니다. 일회용기는 아예 있지도 않고 있어도 사용하지 않았습니다.

코로나사태로 식당에 가지 못하고 , 인건비가 오르고, 경제

생활이 압박을 받으면서 외식의 부담이 커지면서 배달방식을 선호하면서 일회용 용기가 급속도로 번진 것입니다.

일회용 용기가 늘어나면서 깨끗이 닦아 포개어 쓰레기를 버리기는 하지만 대부분 남은 찌꺼기채로 일반쓰레기 봉투에 버리기도 하여 주거환경과 도로환경을 파괴하고 악취, 해출 발생으로 주민의 보건까지 영향을 미치고 있는 실정입니다.

예전처럼 음식을 배달하고 수거하는 방식을 강제하면 일회용 용기는 줄일 수 있지만 식당은 운영하지 못 할 것입니다. 배달음식금액에 대략 2~3천원의 배달료가 현실화된 상황에서 수거비용 까지 부담하면 소비자의 부담은 더욱 가중되기 때문입니다.

빈대 잡으려다 집 태우는 꼴이 되기 때문입니다.

식당도 배달사업도 소비자도 상생하는 방법은 무엇일까요

음식조리와 난방에 사용하는 프로판개스를 통으로 구입하여 사용할 적에서 개스통 값 까지 지불하고 다시 주문하면 개스 값만 지불하고 이사를 하거나 사용치 않을때 개스통 값을 받는 방식에서 통값을 지불하지 않는 방식을 준용하여,

예전처럼 식당용기로 음식을 배달하면 그 그릇을 집에 보관하였다가 다음 배달시에 그 그릇을 돌려주는 방식을 생각할 수 있는데 식당에서는 그릇비용을 감당하지 못할 것은 자명함으로 배달 된 음식을 가정의 그릇으로 옮겨 받고 수저와 저는 가정의 것을 사용하는 것입니다.

일회용기는 아예 없어지는 것입니다. 그러기 위하여는

주문음식문화에 관한 국민의식 변화가 절대적입니다.

5. 식음류, 주류. 약류 유리용기입니다.

식음류, 주류 용기는 대부분 유리제품입니다.

소주, 맥주유리용기는 브렌드마다 각자 독특한 형태를 가지

고 있고 브렌드를 용기에 표시를 하기에 생산사업자가 직접 수거하지 않으면 폐기되기 때문에 생산자가 수거하는 책임을 법으로 명시하고 있습니다 만 수거, 소독비용은 고스란히 소비자 부담으로 돌아옵니다.

식당용은 공병을 제공치 않으면 판매를 하지 않는 방법으로 수거하여 재사용 하고 있지만 가정용은 다른 사업자도 사용 가능하도록 제작하지만 수거가 용이하지 않아 파손될 경우 보행에 위험을 가하고 있습습니다.

점포에 가지고 나면 공병대금을 받기도 하지만 대부분 특수한 주류의 유리용기와 함께 일반 쓰레기 분리하여 버리지만 수거비용의 국가부담이 늘어나고 있습니다.

외국(미국)의 경우 이를 해결하는 방안으로 마트입구에 공병수거기(파쇄기)를 비치하여 중량만큼 현금으로 교환해 주는 방식으로 수거하여 재생산하여 문제를 해결하고 있습니다.

비록, 유리를 소독하여 녹인 다음, 재생산하는 비용과 번거로움은 있지만 매립 원자재 구입비용 절감효과 재생산 근로자의 고용창출, 수송의 편리성이 담보됩니다.

공병수거기(파쇄기) 수집방식이 아무리 좋아도 우리나라에 접목하기는 불가능합니다.

불특정 공병을 하나의 공병수거기(파쇄기)에 넣어야 하는데 그럴 경우 재활용이 불가능하기 때문입니다.

유리의 재질이 각각 다르고 색깔이 다르기에 재생산이 불가능 하기 때문입니다.

재생산이 가능 하려면 유리재질을 통일하고 색깔도 통일하여야 하기 때문입니다.

그렇다면

소주유리용기는 소주유리용기대로 맥주유리용기는 맥주유리

용기대로 음료유리용기는 음료유리용기대로 재질을 통일하고 , 모양과 크기를 통일하는 것입니다. 상표는 스티커로 부착하여 공병수거기(파쇄기)를 설치하여 수거를 하여 재생산하는 방식과 어느 제조회사라도 수거, 소독하여 재사용할 수 있도록 하는 것입니다.

그 동안 나라를 다스리는 정치 (政治)를 관찰해 오면서

가장 중요한 부분이 대통령의 통치가 국민의 행, 불행을 좌우 한다는 것을 역대 대통령을 통해 깨닫게 되었습니다.

또한

대통령이 헌법에 명시한 대통령의 의무를 외면하거나 방기하였을 때 국민의 고통이 얼마나 심대한지도 깨닫게 되었습니다.

정당 또한 정당 답지 못하여 국민을 피곤하게 만드는 지도 깨닫게 되었습니다.

관찰자의 입장에서 객관성을 가지고 우리가 무엇을 어떻게 할 것인지를 여러분과 공유하고자 노력하였습니다.

전임 대통령이 알지 못하여 할 수 없었던, 알아도 용기가 없어 할 수 없었던, 알면서도 하지 않았던 다음의 여섯가지가 여러분의 마음임을 확신하여 이를 정리하여 차기 대통령에게 요구하고 있는 것입니다.

1. 대통령 인사

2. 친정(親政) 수석실

3. 검.판사

4. 정당

5. 저출산

6. 생활폐기물 이엇습니다.

제 8 장

국민의 정치 인식도는 민주주의 정치와 비례한다

우리와 우리의 후손의 행복을 위한 선택

대한민국은 가히 100점 국가가 되었습니다

이제 우리가 할일은 우리가 다음 세대와 공공의 이익 만을 생각하는 정치가(政治家)를 찾는 것입니다.

정치가(政治家)가 존재 하지 않는 나라는 국민이 피곤하고, 피폐한 삶을 살았던 것을 국내외의 대통령 역사에서 보아왔기 때문입니다.

그러하기에

한비자의 망징(亡徵) 사유 39가지 중 민주주의대한민국공화국에 접목하여 군주를 대통령으로 신하를 공무원(장관, 공직자)으로 호칭하여 살펴보고자 합니다.

한비자의 망징 (망할 징조. 亡徵)

1. 법률(法律) 과 금령(禁令)을 소홀히 하면서 미봉책(彌縫策)을 좋아하는 나라는 망(亡)하게 됩니다

2. 천지자연(天地自然)의 이치를 모르고 하릴없이 날씨나 시간등의 길흉(吉凶)에 마음쓰며 귀신을 숭배하고 점쟁이 말을

들어 굿을 즐기는 사람이 많으면 나라는 망하게 됩니다

3. 대통령이 믿는 공무원의 말이라도 그 말대로 말하지 말고 그 진위를 살피고 말을 하여야 하며. 총애한다는 이유로 공무원으로 등용하게 되면 그 사람은 대통령 문을 지키는 문지기가 되어 다른 사람의 말을 듣지 못하게 되어 나라가 망하며 그 사람의 추천으로 사람을 등용하고, 뇌물로 공무원을 등용하면 그 나라는 망하게 됩니다.

4. 대통령이 결단력이 부족하거나 무능하거나 선악을 구별하지 못하거나 통치방침이 없거나 욕심이 많아 이익만 취하면 그 나라는 망하게 됩니다.

5. 대통령이 법규에 따르지 않고 함부로 형벌을 가하거나 대통령의 생각을 쉽게 알 수 있을 정도로 천박하거나 계획을 경솔히 발설하거나 주의가 산만하거나 경영자에게 들은 말을 직원에게 옮기듯 경솔하면 그 나라는 망하게 됩니다

6. 대통령의 성품이 지나치게 강하여 다른 사람과 화합하지 못하거나 쓴소리 하는 자를 물리치거나 남의 공격을 좋아하

거나 국익을 깊이 생각치 않고 독단으로 일을 추진하거나 자신이 최고라 생각하면 그 나라는 망하게 됩니다.

7. 두 대신(大臣)이 서로 세력을 다투거나 대통령의 친척이 세력을 가지고 있거나 파당을 형성하여 외부의 도움으로 세력을 다투면 그 나라는 망하게 됩니다

8. 법이 올곧은데도 대통령이 꾀를 써서 법을 왜곡하거나 사적인 일로 공적인 일을 그르치게 하거나 법령을 수시로 바꾸어 명령을 내리면 국민이 혼란하게 되어 그 나라는 망하게 됩니다

9. 대통령이 마음이 좁고 성급하여 쉽게 동요하고 초조해 하면서 성을 잘 내거나 앞뒤의 이해득실을 따지지 못하고 앞을 내다보는 안목이 없으면 그 나라는 망하게 됩니다

10. 대통령이 당연히 성내야 할때 성내지 않고 벌해야 할때 죄목만 말하며 즉각 처벌하지 않으면 공무원들은 말은 하지 않지만 속으로는 대통령을 미워하고 장래를 걱정하고 죄 있는 자를 처벌하지 않으면 자신도 어떻게 될지 모른다는 생

각으로 반란을 일으키게되어 그 나라는 망하게 됩니다.

11. 대통령의 친척이나 공무원이 임금이 실제 실력보다 높고 치장과 주택과 음식이 사치로운데도 이를 제어하지 않으면 더욱 탐욕스럽게 되어 그 나라는 망하게 됩니다

12. 대통령의 자손이 대통령의 후광으로 국민에게 난폭하고, 거만하면 그 나라는 망하게 됩니다

대통령이 이러하다 하여도 반드시 망하지는 않습니다.

나무가 부러지는 이유는 벌레가 속을 갉아먹었기 때문이고 담이 무너지는 것은 어딘가에 틈새가 있기 때문입니다.

그렇다고 완전히 부러져 넘어지거나 담이 허물어지는 것이 아니고 강풍이 불거나 큰비가 내려야 무너지기 때문입니다.

만약, 대통령이 망하게 될 정도로 나라를 갉아먹거나 무너질 정도로 틈새를 만들었다면 강풍이 불기 전에, 큰비가 내리기

전에 스스로 자리를 내려오게 하거나 그러지 않을 경우 내려오도록 강제하여야 하는 것입니다.

이를 인정으로 방기하여 부러지고 무너진 다음에 새로 만드는 멍청한 바보가 되어서는 안되기 때문입니다

부러지기 전에, 무너지기 전에, 적은 비용으로 고치는 것이 탄핵입니다.

탄핵소추권은 헌법 제65조 제2항 대통령에 대한 탄핵소추는 국회 재적의원 과반수의 발의와 국회 재적의원 3분의2 이상의 찬성이 있어야 한다. 대한민국 이라면

* 국회 재적의원 300인의 151인의 발의로 200인 이상의 찬성으로 가결됩니다.

대한민국 국회에서 두 번의 대통령탄핵이 가결되었습니다

노무현 전 대통령은 총선과 관련하여 "국민이 열린우리당을

지지해줄 것을 기대한다"는 발언이 중앙선거관리위원회에서 공직선거법 위반이라는 판단에 따라 새천년민주당 주도하여 한나라당, 자유민주연합 협조로 159인이 탄핵소추권을 발의하여 2004년 3월 12일 선거중립위반 5건, 측근비리, 국정파탄, 경제파탄 총 8건으로 열린우리당 불참 속에 찬성 193. 반대 2로 탄핵소추안이 가결 되었습니다

박근혜 전 대통령은 공무상 비밀 문건 누설, 최순실 등 비선실세를 통한 국가정책과 인사권 등의 권력 남용으로 주권자인 국민의 의사에 반하여 국민주권주의(헌법 제1조)와 대의민주주의(헌법 제67조 제1항)의 본질을 훼손하고 대통령의 헌법준수의무 위배, 세월호 참사 위기관리를 하지 못한 헌법 제10조에 의해 보장되는 생명권 보호 의무 위배, 미르재단과 케이스포츠재단 설립 과정에서 대기업들에 출연금 명목의 돈을 받고 유리한 조치를 시행한 혐의를 바탕으로 형법상 뇌물죄와 직권남용권리행사방해죄, 강요죄 등으로 야당

국회의원 171명이 발의하여 2016년 12월 9일 재적 299명중 234명의 찬성으로 가결되었습니다

국회에서 가결된 탄핵의결서는 국회의장이 소추위원인 국회 법제사법위원회 위원장에게 송달하고 법제사법위원회 위원장은 헌법재판소에 탄핵심판을 청구하면 헌법재판소는 제49조 ①탄핵심판에서는 국회 법제사법위원회의 위원장이 소추위원이 된다. ② 소추위원은 헌법재판소에 소추의결서의 정본을 제출하여 탄핵심판을 청구하며, 심판의 변론에서 피청구인을 신문할 수 있다. 에 따라

9인의 재판관 전원으로 구성되는 전원재판부 재판관 7명 이상의 출석으로 사건을 심리하며. 심리에 대통령이 직접 출석하여 구두변론으로 하도록 되어있으나 대통령이 출석치 않을 경우, 재 출석일을 통보하면 대통령이 재출석 변론기일에 출석하지 않아도 심리를 진행하는데 국제 법제사법위원회

위원장은 대통령 심문권이 있습니다.

노무현 전 대통령의 헌법재판 결과는

국민의 선거에 의하여 부여받은 '직접적 민주적 정당성' 및 '직무수행의 계속성에 관한 공익'의 관점이 파면결정을 함에 있어서 중요한 요소로서 고려되어야 한다는 취지로 기각 되었으며

박근혜 전 대통령의 헌법재판 결과는

미르·K스포츠 재단 기금 모금과 관련하여 최순실(최서원) 이권을 위해 대통령의 지위와 권한을 남용했으며 이는 헌법과 법률에 위배되는 행위가 파면 사유에 해당 됨으로 파면으로 얻는 헌법 수호 이익이 더 많다 라는 취지로

2017년 3월 10일 오전 11시 재판관 8인 전원일치로 파면 (탄

핵인용) 하였습니다.

나라가 부러지고 무너진 다음에 새로 만들기 보다 부러지기 전에, 무너지기 전에, 적은 비용으로 고치는 유일한 길은 탄핵 뿐 입니다.

국민의 정치 인식도와 민주주의정치는 비례합니다.

한비자가 말한 나라가 망할 징조 39가지 중 대한민국에 대비하여 기술한 12가지 정도만 기억하고, 물(國民)은 배(大統領)를 띄울 수도(當選)갈아 엎을 수(彈劾) 있다 만 기억하여도 다음 선거와 자신의 이익만을 생각하는 어정쩡한 정치인(政治人) 보다 정치를 잘 할 수 있는 국민이 됩니다.

다음 선거와 자신의 이익만을 생각하는 어정쩡한 정치인(政治人)의 정치는 국민만 피곤하고 불행한 삶을 살아야 한다는 것은 이미 보고 들었습니다.

작금의 투표를 생각하면 얼굴이 화끈거릴 정도로 부끄럽고 창피합니다. 옛날, 그것도 아주 옛날 사람보다 못한 것이 부끄럽고 창피함ㅁ을 느낀 것은 .부산시 기장군에서 경주가는 도로가에 기장군 선거관리위원회가 설치한 표지석의 글귀 天下憂樂 在選擧 (천하우락 재선거)을 보면서 입니다

검색을 하여보니 민주주의 국가도 아닌 전제주의 왕조국가의 학자의 말씀이었습니다.

200년 전 조선시대 실학자 최한기 선생 께서 "세상의 괴로움과 즐거움은 선거에 달려있다" 라는 말씀이었습니다..

다음 선거 만을 생각하는 정치인(政治人)을 뽑으면 괴롭고 다음 세대 만을 생각하는 정치가(政治家) 를 뽑으면 즐겁다 라는 말씀과 딱 맞아 떨어지는 말씀임을 생각할 때 필자가 그동안 투표한 것에 대하여 부끄럽고 또 부끄러웠습니다.

필자는 고해성사 하는 마음으로 이제껏 투표를 어떤 생각으로 어떻게 투표를 하였는지 뒤 돌아 보았습니다.

주변사람에 휩쓸려 따라가고 신문과 방송에 따라간 것이 전부였던 것 같습니다. 솔직히 귀찮았던 것도 사실입니다.

그럼에도 그렇게 찍은 사람이 모두 당선된 것 같습니다.

그때 당선된 분들이 지금 국민들에게 어떠한 평가를 받고 있는지를 생각하니 세상의 괴로움과 즐거움은 선거가 좌우하는 것이 맞는 것 같았습니다. 아니 맞았습니다.

보라, 생각하라, 행동하라, 그래서 생각했습니다.

국민이 세상의 괴로움과 즐거움은 선거가 좌우한다는 200년 전 최한기 선생의 천하우락재선거(天下憂樂在選擧)만 알아도 우리와 우리의 아들딸 손자손녀들은 우리같이 살지 않을 것이라 생각하였습니다.

그리고 행동하기 시작하였습니다. 먼저 정치는 무엇이고 어떻게 하는 것인가 부터 알아야 하였습니다.

생각하여 보니 어릴때 면장을 지내신 아버님으로 부터 배웠던 소학, 대학, 공자, 중용, 명심보감의 말씀 중에서 수신제가치국평천하(修身齊家治國平天下)가 떠올라 고속도로 휴계소에 손 쉽게 명심보감을 구하게 되었고 점차 사서오경 중 대학, 중용, 공자. 한비자, 맹자, 손자병법을 거쳐 정관정요, 대학연의를 탐독하다 보니 정치가 무엇이고 나라를 다스리는 올바른 방법인지를 알게 되었고, 본질은 기독교, 불교, 유교의 사랑과 같다는 것을 알았습니다. 필자는 이를 정치의 정석으로 규정하여 "부모,형제, 자식을 사랑하는 마음으로 국민을 사랑하고 정해진 법에 따라 나라를 다스려 국민의 안정적 삶과 행복을 실현 위하는 것" 이라 결론을 도출하게 되었으며 국민에게는 정치는 생활필수품이며 천하우락재선거(天下憂樂在選擧)에 따른 투표를 하는 것만이 주인의 자격이 있다는 것이라는 결론에 도달하였습니다.

다음은 어떠한 방법으로 국민과 이를 공유하여야 하는 일인데 마침, 윤석열 대통령이 친절하게 무엇을 왜 누가 어떻게 하여야 하는지를 2년에 걸쳐 몸소 보여주었습니다.

윤석열 대통령이 단 2년만에 보여준 것은 , 대통령은 이렇게 하면 안되는구나 에 대하여 이해하는 국민이 늘어나고 있다는 것입니다. 국민의힘은 지지하여도 대통령을 지지하지 않는다 는 여론조사가 이를 증거하고 있는 것입니다.

괴로움과 즐거움은 선거라는 우락재선거 (憂樂在選擧)을 인지하고 있고 물(國民)은 배(大統領)를 띄울 수도(當選) 갈아엎을 수도(彈劾) 있다는 것을 인식하고 있었습니다.

다음 선거만을 생각하는 정치인(政治人)보다 다음 세대만을 생각하는 정치가(政治家)의 필요성에 대하여 까지는 몰라도 대통령과 국회의원은 잘 뽑아야 된다는 것은 잘 알고 있었습니다.

그래서 다양한 직업을 가진 많은 사람이 대한민국과 정치하는 사람에게 바라는 마음을 정리하였습니다.

이미 국민의 정치 수준은 윤석열 대통령으로 인하여 정치가(政治家) 수준에 도달한 것 같습니다.

대통령과 국회의원의 정치가(政治家)의 정치(政治)가 곧 우리와 우리의 아들딸과 손자손녀들이 행복하고 안정된 삶이라는 것 , 한비자의 나라의 망징 12개 말씀 중 6개 이상 해당되면 대통령 이라도 바꾸어야 한다는 것입니다.

이제 우리는 다음 대통령이 역대 대통령이 방기한 지인안민

(知人安民)에 따른 인사만사(人事萬事) . 친정(親政)수석실 설치와 운영규정의 법제화, 유전무죄무전무죄. 유권무죄무권유죄. 고금무죄저금유죄를 타파할 검, 판, 변호사 임용제도 개선 및 관련법 개정. 국민의 피곤함을 제어할 수 있는 정당법 개정, 경제부국,국방강국 유지,발전을 위한 맞춤형직업교육을 통한 저출산 정책, 5대 망국병인 생활폐기물 정책을 우선적으로 실행할 대통령과 국회의원을 선출하는 것 입니다.

이제 그러한 대통령과 국회의원을 뽑는 투표만 남았습니다.
그런데,
필자가 만난 많은 분들이 누가 그러한 대통령인지 국회의원인지 확실히 모르고 있었습니다. 필자도 당연히 모릅니다.
같은 마을에 살았어도, 같은 학교를 다녔다 해도, 심지어 일가 친척이라 하여도 생활 패턴이 다르고 교류가 별로, 아니 없었기에 후보의 인의예지(仁義禮智)를 제대로 알지 못하는데 그렇지 않은 사람은 당연히 모를 수 밖에 없는 것은 당연한 것입니다.

더구나 후보라는 것이 정당에서 한명씩 공천하기에 달리 선택권이 없는 것 또한 후보를 제대로 알 수가 없습니다.

후보를 제대로 알기 위하여는 정당으로 선택폭을 좁히는 것이 유일한 방법입니다. 무소속은 당원이 없기에 당선 가능성이 정당의 후보보다 현저히 낮기 때문입니다.

그렇다면 우리나라 뿐 아니라 전 세계 대부분은 보수정당과 진보정당을 선택하는 것 뿐 입니다.

자신이 보수성향이면 보수정당에 진보성향이면 진보정당에 가입하면 자신의 정당 후보에 대하여 다른 정당 후보보다 조금더 자세히 알 수가 있기 때문입니다.

그러나 맹목적으로 정당을 선택하는 것은 천하우락재선거(天下憂樂在選擧)를 훼손할 수 있는 단점이 있습니다.

보수정당정치나 진보정당정치는 똑 같이 민주주의정치 이기 때문입니다. 민주주의 정치는 보수, 진보 공히 자유로운 경제활동을 지향하고, 약자를 보호하고, 노력과 능력을 인정하고, 개인의 인격보다 국격을 우선하고, 도덕적이고, 거짓을 지양하고, 책을 전가하지 않고, 사회적 발전을 지향하기 때문입니다. 다만 보수오 진보가 다른 것이 있다면 사회적발전 즉, 시대의 변화에 맞추어 국민의 행복과 편의에 맞추어야 하는 혁신인데 보수는 한발짝 씩 혁신하고 진보는 한걸음 씩(세걸음) 혁신하는 것 이기에 올곶은 정당을 하기 위하여는 반드시 어느정당이 여기에 충실하였는가를 둘러보고 선택하거나 혁신하는 속도에서 자신에게 맞는 정당을 선택하는 것입니다.

그런 다음에 정당의 후보경선투표에 참여하는 것입니다.

대통령후보경선 투표권은 정치 국면에 따라 약간씩 변하기도 하지만 보편적으로 선출직 입후보자. 원로, 당직자 중심의 대의원. 당비를 납부하는 권리당원, 당비를 내지 않는 일반당원 , 당원이 아님에도 정당을 지지하거나 지지하는 정당이 없는 국민에게 있는데. 대의원은 전당대회장에서 직접투표 방식이고 권리당원은 인터넷이나 등록전화번호로 ARS 방식으로 투표하는 방식이고 일반당원과 국민은 투표인수의 한계로 무작위로 축출하기에 전화를 받을 경우만 투표하는 방식이 있습니다.

선택폭을 높이고자 한다면 정당에서 최종적으로 확정한 후보와 무소속 후보 중에서 선택하는 것 뿐 인데 제데로 선택하기에는 만만찮습니다.

그러나 방법이 없는 것은 아닙니다. 집으로 배달되는 선거공보나 선거벽보를 참고하는 방법이 있습니다.

후보는 정치분야 출신, 공무원 출신, 기업가 출신이 대부분이기에 선거공보의 학력보다는 경력을 보는 것입니다. 경력을 보면 정치와 국민의 생활을 얼마나 이해하고 있는지 보이기에 이를 참고하는 방법이 있고, 재산을 보는 것입니다.

경력에서 비슷하다면 재산이 적은 후보를 선택하는 것이 많은 후보보다 깨끗한 경우가 많기 때문입니다.

재산이 보편적으로 과다한 후보는 서민생활의 이해도가 떨어지기 때문입니다. 특히, 주의 할 것은 부인, 아들딸의 재산을 공개하지 않는 후보는 상당히 위험한 선택이 될 수 있습니다. 공무원 출신은 권력자 이었는지를 살펴보는 것입니다.

이도 대단히 위험한 선택이 될 수 있습니다. 사업가는 무슨 사업을 하는지 또는 하였는지를 살피는 것입니다. 가령 금융 사채업 같이 서민의 어려움을 이용한 사업가는 위험의 임계점을 넘는 선택이 됩니다.

어느 후보든지 오욕칠정을 제어하지 못하는 인간이기에 고도의 도덕성을 바라는 것은 무리가 있습니다. 그것은 유권자도 마찬가지 이기 때문입니다. 가장 중요한 것은 토론의 자세에서 평가하는 것입니다. 방송토론에서는 정치의 본질에 대한 질문의 답에서 자질이 왠만큼은 나오기 때문이고 또한 품성의 평가가 가능하기 때문입니다. 상대를 험하게 몰아 부치거나 , 거짓을 합리화를 하는 등을 보면 평가 가 가능하기 때문입니다.

선거기간이 14일 이기에 14일 만 관심을 가지고 지켜보기만 하여도 유권자로서 할일은 다할 것입니다.

투표는 반드시 하는 것입니다.

투표 당일에 무슨 일이 발생할 수도 있는 유권자를 위하여 사전투표 방식으로 언제 어디서나 지정된 투표소에 신분을 확인 할 수 있는 주민등록증. 여권, 운전면허증 . 학생증 을 소지하면 투표할 수 있습니다.

미국에 살아도, 영국에 살아도, 세계 어느 곳에서 살아도 결격사유만 없으면 선거관리위원회가 지정한 장소, 지정한 날자에 투표할 수 있습니다.

제 9 장

우리에게 필요한 대통령

우리에게 필요한 국회의원 과 단체장

윤석열대통령 2년을 접하면서 그릇된 대통령 통치와 국회정치가 국민의 안정적 삶과 행복에 얼마나 저해되는지를 알게 된 것이 사실입니다.

그로 인하여 과거를 뒤돌아보고 대통령과 국회의원 단체장의 중요성에 대하여 고민하고 또 고민하는 국민이 늘어가고 있슴도 사실입니다.

그 이유도 알게 되었습니다.

투표를 잘못한 것입니다.

필자의 고백처럼 주변에 휩쓸리고 신문과 방송에 휩쓸려 자신의 고유한 투표권을 남에게 의존하였기 때문입니다.

우리와 우리의 선배는 피를 나눈 형제라고 찍어주고 같은 학교를 다녔다고 찍어주고 밥이나 차라도 한번 먹었다고 찍어주고 혼인이나 상사(喪事)에 들렸다고 찍어주는 투표를 하여 왔습니다. 유권자의 권리가 얼마가 값진 것인지 모르기에 그냥 줘버린 것입니다.

더구나 동향(同鄕) 이기에 당원이기에 묻지도 따지지도 않고 찍었습니다.

그렇게 하여 얻은 것이 4.19 학생의거. 대통령 망명, 유신헌법, 대통령내외 피격, 6,10항쟁, 5,18, IMF , 4대강 삽질, 대통령파면, 검찰공화국입니다.

국민은 세계만방을 뛰어다니며 열심히 돈을벌어 곳간을 채우면 열심히 돈을 쓰는 대통령을 얻은 것 뿐입니다.

특히, 신중하고 신중을 기하여 할 투표는 지역투표입니다.

민주주의대한민국공화국은 고구려, 신라, 백제가 아닙니다.

백제권의 대통령이 신라권을 못살도록 하지 않았습니다. 신라권의 대통령이 백제권을 못살도록 하지도 않았습니다.

과거 박정희대통령 선거에서 박정희는 부산,대구,경남북, 광주 전남북, 충북권에서 많은 지지를 얻었고 윤보선은 충남,

강원,수도권에서 많은 지지를 얻었습니다.

그런데 어느 날 부터 백제권은 민주주의 정치로 신라권은 한국식민주주의 독재정치로 양분되어 상극의 길을 걸어 오면서 백제권은 신익희의 민주당. 신라권은 박정희의 공화당으로 양분되어 버렸습니다. 군부정치가 막을 내리면서 민주주의정치의 기본인 보수, 진보로 변화하면서 신라권(대구,부산,울산,경남북,강원)은 보수, 백제권(광주,전남북) 진보, 수도권(서울,경기,인천)은 48 : 52의 보수, 진보로 충청권(대전,충남북)은 45: 55로 양측을 오가는 냉온탕지역으로 자리를 잡았습니다.

북한과 조금이라도 우호적이면 빨갱이로 몰아 진보라 하고 우호적인아니면 보수라 하고 있습니다.

전두환에 의하여 많은 시민이 총칼에 죽어야 했던 5.18 광주항쟁을 북한의 사주에 의해 일어난 것이라 할 정도 이었습니다.

국민이 정치(나라를 다스리는)의 이해도가 높다면 절대 일어나지도 일어날 수도 없는 일들 입니다.

국민의 정치 인식도에 따라 대통령의 통치. 국회의 정치가 민주주의가 되는 것입니다.

우리에게 필요한 대통령, 국회의원은 과연 어떤 사람일까요 대학(大學). 공자(孔子), 논어(論語), 대학연의(大學衍義) 말씀이 비록 2,000 년전 말씀이지만 민주의의공화국 정치가 반드시 본받아야 할 민주주의 정치의 교본(교본)이라는 것입니다.

대한민국 정치는 2,000 년전 말씀하신 정치보다 후진적 이기 때문입니다.

나라를 다스리는(정치) 사전적 의미는 통치자나 정치가(政治家)가 사회 구성원들의 다양한 이해관계를 조정하거나 통제하고 국가의 정책과 목적을 실현시키는 일(行爲) 이라는 것과 무엇이 다른지. 같은지를 살펴보기 위함입니다.

군주(君主)는

명덕(明德)하고 친민(親民)하며 지어지선(至於至善) 하여야 한다 입니다.

본성이 밝고 인간의 도리에 맞는 행동과 덕행에 힘을 쓰는 명덕(明德)하여야 한다 라 하였습니다.

사적(私的)이나 공적(公的)으로 모두 맑아야 하는 것입니다.

이러한 마음은 선천적(先天的)으로 타고나기에 자식을 보면 부모를 알고 부모를 알려면 자식을 안다고 말들을 합니다.

후천적(後天的)으로 완성되기도 하는데 스승을 보면 알 수가 있다고 합니다.

훌륭한 부모와 스승이 제일먼저 가르치는 것이 부모를 잘 모시는 효(孝)와 진심. 정성으로 모시라는 충(忠)으로 이는 사랑이 근본입니다.

사랑이 있어야 부모에게 효도하고, 반려자(伴侶者)를 이해하고 아끼며, 가족을 아끼는 마음이 있어야 이웃도 아끼고 나아가 나라를 다스릴 수 있음을 수신제가치국평천하(修身齊家

治國平天下)의 근본으로 삼고 있습니다.

이러하지 못한 사람이 나라를 다스린다면 다음 선거만을 생각하는, 또는 괴로움을 주는 정치인(政治人)이 될 뿐입니다. 헌법을 방기하고 정치의 정석을 외면하고 권력을 이용하여 부(富)만을 축적하는 정치인(政治人)이 될 뿐입니다. 국민과 지역구민의 어른으로 칭송받는 것을 즐기고 망발을 일삼고 공천에 혈안이 되어 옳은말은 커녕 당 권력자의 예스맨을 자처하여 국민을 피곤하게 하는 정치인(政治人)이 될 뿐입니다.

국민과 친하여야 (親民) 하여야 한다고 하였습니다
정치의정석(定石)에서 필자는 정치는 국민의 고통(苦痛)을 가슴과 행동으로 풀어내는 예술(藝術)이라 정의하였습니다.
국민의 어려운 점을 가슴으로 느끼고 나서 어려운 점을 정책으로 해결하여야 한다는 뜻 인데요 국민의 어려움을 알려면 국민의 옆에 다가가지 못하면 알 수가 없기에 국민과 가깝게 지내야 된다는 말씀입니다.
대한민국 국민의 분포는 기업, 행정 등 근로자 중심으로 구

(區) 동(洞)의 형태인 도시지역 (都市), 농업,해양,축산 근로자 중심으로 읍(邑) 면(面) 형태인 농촌, 도시와 농촌이 공존하는 도농복합도시로 구분하였을 때 가장 지역구민 대변자에 마땅한 국회의원은 도시민의 갈등을 가장 접하고 그 문제점을 대하여 경험으로 잘 알고 있는, 아직 때 묻지 않은 40대 후반, 50대 초반의 정치활동가 나 사회활동가 가 도시지역의 국회의원에 적합하다 할 것이고 농촌지역의 생활과 노동에 대한 여러가지 사항을 잘 알고있는 5~60대의 사회활동가. 기초단체장을 비롯한 지방의원, 지역의 정당활동가 가 농촌지역의 국회의원에 적합하다 할 것이고 . 대통령은 이러한 국회의원 의견을 제대로 수렴하는(格物致知) 포용력을 겸비한 국회의원의 경력을 가진 사람이 적합하다는 것입니다.

이러하지 못한 사람이 나라를 다스린다면 국민의 고통이 증폭되어 이웃과의 사랑과 배려는 점점 사라져 혼탁한 사회가 되고, 자신의 영달(榮達)과 부(富)만을 탐하여 구민은 피곤하다 못해 불행해 지는 것입니다.

이러하지 못한 사람은 잘될 나무는 떡잎부터 알아본다는 말과 같이 선거기간에 쉽게 파악할 수 있습니다.

친한 척 존경하는 척 코가 땅에 닿을 정도로 허리를 굽히거나 각종 미사여구로 칭찬하거나 평소 하지 않던 전화까지 하거나 사무실을 한번 방문하라는 등 평소에 하지않는 행동을 하는 것에서 쉽게 파악할 수 있습니다.

이러한 사람이 당선되면 정치가(政治家)가 아닌 정치인(政治人)이 될 뿐입니다.

바람직함을 오랫동안 간직하라, 초심(初審)을 오랫동안 유지하라는 .지어지선(至於至善) 입니다.

내가 당선되면 이러 이러한 일을 하겠다. 하는 말을 선거공보에 직시하여 유권자에게 발송하고 프랑카드를 붙이고 방송토론회에서 문장과 말로 약속을 하는데 이를 공공(公共)에 대한 약속(約束). 공약(公約)입니다. 이 공약을 임기 내내 유지하는 것, 아니 실천하는 것입니다.

그러나, 돈이 들어가는 공약은 많은 제약이 따릅니다.

먼저 지방자치단체의 단체장과 의회의 의지와 지역사회의 공감대가 형성되어야 합니다. 타당성에 대한 오해가 없어야 기획재정부의 통과가 용이하고 국회 예산결산위원회의 승인도 용이합니다. 국책사업이 아닌 이상 정부와 광역단체 지방자치단체의 매칭펀드 가능성까지 매치를 하여야 하기에 말로만 하는 공약은 빈 공자 공약(空約)이 되어 버리기 일쑤입니다.

구민을 하늘같이 섬긴다며 , 머슴의 역활을 하겠다 하지만 명덕(明德)하고 친민(親民)하지 않은 사람은 지어지선(至於至善) 하지 못합니다.

이런 사람을 구별하는 것 또한 쉬운 일입니다.

SWOT 분석이 없는 사업, 약점(weakness)과 위협(threat)은 숨기고 강점(strength)만 부각하는 사업을 쉽게 말하는 사람입니다.

상대 후보의 공약을 검증없이 공격하는 사람입니다.

이러한 사람이 당선되면 인기성 발언에 치중하고 공천권력자에 맹종하면서 다음 공천만을 생각하는 정치인(政治人)일 뿐입니다.

필자의 글에서 유독 정치인(政治人), 정치가(政治家)를 강조하는 이유는 나라를 다스리는(政治) 사람(人)을 통칭 정치인이라 하고 있습니다. 그러나 다음 세대만을 생각하며 공공의 이익을 위하는 정치인에 대한 예의가 아니기 때문에 정치가 (政治家 / professional politician)로 호칭하는 것입니다

아울러 인의예지(仁義禮智)를 갖추어야 한다고 하시고 있습니다.

어질고, 의롭고, 예의 바르고, 지혜로운 것으로 상대를 불쌍해 하는 마음을 가져야 하며 (仁) 자신의 부끄러움을 알고 상대의 잘못에 분노할 줄 아는 마음을 가져야 하며 (義) 남에게 사양(辭讓)하고 공덕(功德)을 넘겨주려는 마음을 가져야 하며 (禮) 사람과 사람의 일을 알고 옳고 그름을 제대로 가릴 줄 아는 안목을 가져야 된다 (智)는 것 입니다.

인의예지(仁義禮智)는 동방예의지국 (東方禮儀之國)으로 칭송받던 과거부터 대한민국 사회에 깊숙히 자리잡고 있습니다.

싸가지가 있다 없다 라는 말 입니다.

인의예지(仁義禮智)가 네가지가 있다 없다를 말하는 것입니다.

나라를 다스리는(政治) 사람(人)이 인의예지(仁義禮智)가 없으면 정치인(政治人) 있으면 정치가(政治家. professional politician)로 호칭 하여야 하는 이유입니다.

대통령이나 국회의원이 인의예지(仁義禮智)가 네가지 즉 싸지가 없다면 상대를 불쌍해 하기는 커녕 그것을 약점으로 삼아 더욱 핍박하고 자신이 잘못을 하여 사과를 요구하면 온갖 거짓말로 순간을 넘기려하고 상대의 잘못을 자신의 이익으로 만들려 하고 남이 만든 공을 자신의 것으로 만들려 하고 자신에게 유리한 것은 옳다고 하고 자신에게 불리한 것은 그르다고 판단해 버립니다.

맹자께서도 인(仁)을 측은지심 (惻隱之心) 의(義)를 수오지심 (羞惡之心) 예(藝)를 사양지심 辭讓之心) 지(智)를 시비지심 (是非之心) 이라 하시고 이를 사단(사단)으로 말씀하시면서 남을 불쌍하게 여기는 착한 마음이 없거나 자신의 잘못을 부끄러워 하지 않거나 남의 잘못에 대해 분노하지 않거나, 남에게 공을 넘겨주지 않거나 옳고 그름을 제대로 파악하지 못하면 인간이라 할수 없다 라 하였습니다.

이러한 후보는 국민의 봉사자로서 완벽한 부적격자입니다.

논어(論語)에서 말씀하시기를 항상 가슴에 담아야 할 9가지 덕목으로

사물을 정확히 보아야 한다는 시사명(視思明)

총명하게 사리를 분별하여야 한다는 청사총(聽思聰)

온화한 표정으로 남(相對)을 대하여야 한다는 색사온(色思溫)

성실하고 진실되게 말하여야 한다는 모사공(貌思恭)

신중하게 일을 처리하여야 한다는 사사경(事思敬)

모르거나 의아하면 즉시 물어보아야 한다는 의사문(疑思問)

화가 나도 재난을 생각하여 참아야 한다는 분사난(忿思難)

이익을 멀리하고 도(道)를 따라야 한다는 견득사의(見得思義)

의 아홉가지 또한 치국평천하(治國平天下)의 근본에 해당하는 것입니다.

아울러

나라를 다스림에 있어서

백성에게 은혜를 허비하면 안된다는

혜이불비(惠而不費)

백성에게 일을 하도록 하되 원망(怨望)을 들어서면 안된다,는 노이불원(勞而不怨)

덕(德)을 세우는 것을 우선하고 탐욕하지 말아야 한다는

욕이불탐(欲而不貪)

학식과 덕을 높이면서 교만하지 말아야 된다는

태이불교(泰而不驕)

위엄(威嚴)은 가지되 사납게 굴지 말아야 된다는

위이불맹(威而不猛) 하라 하였습니다.

이는 국가의 모든 것은 백성에 달려 있기에 백성을 사랑하라는 말씀입니다.

예로부터 성군(聖君)이 다스리던 국가는 두말 할 필요없는 태평성세 나라였습니다. 군주가 귀를 활짝 열고 백성의 말에

귀를 기울여 제대로 판단하여 말을 하고 가슴을 활짝 열고 신하와 백성을 포용하여 백성을 사랑하는 성군(聖君)이 다스렸기 때문입니다.

성군(聖君)의 성(聖)이 귀(耳)와 입(口)를 위에 두고 아래에 임금 왕(王)을 둔 이유입니다.

성군(聖君) 즉 좋은 대통령, 다음 세대만을 생각하는 정치가(政治家) 대통령은 북극성이 그 자리에 가만히 있어도 주변의 모든 별(星)들이 스스로 북극성으로 향한다 하여 위정이덕(爲政以德) 비여북진(譬如北辰) 거기서(居其所)이든 이중성(而衆星)이 공지(共之)라 하였습니다.

성군(聖君) 즉 좋은 대통령은 덕(德)으로 대신을 이끌고 예(禮)와 율(法) 대로 나라를 다스림(政治) 으로서 백성 스스로 질서를 지키고 부정(不正)을 수치(羞恥)로 알고 착하게 된다 하여 이를 도지이덕(道之以德)하고 제지이례(齊之以禮)이면 유치차격(有恥且格) 이라 하였습니다.

이토록 국가의 흥망을 좌우하는 것이 성군(聖君), 즉, 좋은 대통령입니다.

또한

법률(律)을 제정하여 법대로 다스리면(法治) 백성은 법률에 정한 형벌로 질서가 자연히 유지되고 백성이 법을 어길 경우라 하더라도 정해진 형벌을 받는 것을 수치(羞恥)로 여기지 않는다 는 도지이정(道之以政)하고 제지이형(齊之以形)이면 민면이무치(民免而無恥)국가로 민주주의대한민국공화국이 자랑스럽게 말하는 법치(法治)국가 가 되는 것입니다.

성군(聖君) 즉 좋은 대통령은 유능한 사람이 가까이 오지 않으면 문턱을 닦아서 모셔와 편안하게 대하여 나라를 위하여 써야 된다는 의미에서 원인(遠人)이 불복즉수문덕이래지(不服則修文德以來之)하고 기래지즉안지(旣來之則安之)하는 것입니다.

이 모든 말씀은 오직 백성의 안정적인 삶과 행복과 직결 되어 온 세계의 인간이 성군(聖君) 즉 좋은 대통령을 바라지만 현세(現世)에 이러한 성군(聖君)은 존재 하지 않습니다.

공자(孔子)께서 이렇게 말씀하고 계시지만 정작 공자께서도 이러한 조건을 갖춘 군주(大統領)은 없다 하셨습니다.

인간은 본디 가지고 태어난 재물욕(財物慾), 명예욕(名譽慾), 식욕(食慾), 수면욕(睡眠慾), 색욕(色慾)의 오욕(五慾)을 견제할 능력을 가지지 못하고 희(喜) 기쁨, 노(怒) 노여움, 분노, 애(哀) 슬픔, 낙(樂) 즐거움, 애(愛) 사랑, 오(惡) 미움, 욕(欲) 욕망을 제어하지 못하는 것이 인간이기 때문이라 하시면서 과(過) 하지도 않고 부족함도 없이 한쪽으로 치우침이 없는 떳떳함을 중시하는 중용(中庸)의 도(道)를 실천하는 사람을 최우선으로 하여야 한다" 라고 말씀 하시고 있습니다 만, 중용(中庸)의 도(道) 또한 오욕칠정(五慾七情)의 재물욕(財物慾), 명예욕(名譽慾), 희(喜), 노(怒), 애(哀), 낙(樂) 에 자유롭지 못하여 차선책으로 뜻이 높은 광자(狂者)나 무식하고 고집스런 견자(狷者)중 한 사람을 선택하라" 하였습니다.

광자(狂者)는 항상 진취적이면서 뜻이 높은 사람이고 견자

(狷者)는 항상 일을 우선하면서 나쁜 짓 은 하지 않는 사람 으로 두사람 모두 어느 정도 중용(中庸)의 도(道) 를 실천할 수 있는 자 이기 때문이라 하였습니다.

중용(中庸)에서도 본성은 하늘이 명(明)한 것 이고. 본성을 따르는 것은 도리(道)이기에 도리를 닦는 것(修)을 몸에 읽혔기에(敎)에 항상 진취적인 광자(狂者)는 항상 일에 미쳐 있는 견자(狷者)가 될 수 없고 항상 일에 미쳐 있는 견자(狷者) 는 항상 진취적인 광자(狂者)가 될 수 없기에 둘 다 가진 자는 없음으로 광자(狂者)나 견자(狷者)중 한사람을 선택하여도 군주로서 손색이 없다 라 하였습니다.

논어(論語)에서도 비슷한 말씀으로 인도주의자(人道主義者)인 인자(仁者)와 합리주의자(合理主義者)인 지자(知者)중에서 선택하여도 군주로서 본색이 없다 하였습니다. 인자(仁者)의 특징은 조직에서 수직적인 상하관계를 중시하면서 물질과 경쟁에 집착하지 않으며 남(相對)의 잘 잘못에 연연하지 않으며 중후하고 후덕하여 혼자 있기를 즐기고 가늘고 길게 사는 유형이며, 지자(知者)의 특징은 조직에서 수평적인 상하관계를 중시하면서 물질과 경쟁에 집착하기도 하며 남(相對)의 잘 잘못을 확실히 경계하고 술과 음식을 좋아하여 호방하고 지식습득에 열정적이어서 사리에 통달하고 벗을 사귀는데 막힘이 없으며 짧고 굵게 사는 유형으로, 서로 특성이 서로 달라 둘을 다 가진 사람이 없음으로 둘 중 하나를 선택하여도 차선책으로 손색이 없다 하였습니다.

항상 진취적인 광자(狂者), 항상 일에 미쳐 있는 견자(狷者) 인도주의자(人道主義者)인 인자(仁者)와 합리주의자(合理主義者)인 지자(知者)는 백성을 아끼고 사랑하는 공통점을 가지고 있기 때문이라 하였습니다.

제 10 장

국회가 살아야 국민이 산다

국회는 국민행복의 전쟁터

서로 싸우지 않는 국회가 되어야 한다고 합니다.

국회에서 여당(대통령이 속한 정당)과 야당이 대립하면 언론은 꼭 시민의 의견을 인터뷰 하면서 약방의 감초처럼 끼워 넣는 것이 국회가 싸우지 말고 화합하는 자세를 보여 달라는 것 입니다.

오함마와 빠루를 들고 문을 부수고, 집단 난투극?을 벌이고, 회의 중 집단 퇴장하는 모습을 보여주었기 때문입니다.

국회는 항상 싸워왔습니다.

싸우는 쪽은 항상 의석수가 적은 정당이었습니다.

여당의 의석수가 많으면 야당이, 야당의 의석수가 많으면 여당이 싸워왔습니다. 싸움이 일어나는 곳은 상임위원회 회의장, 상임위원회 위원장실 복도, 본 회의장입니다.

여기서도 만족하지 못하면 국회의사당 로텐더홀 , 본관 계단, 광화문에 나와서 싸워왔습니다.

손 바닥도 마주치지 않으면 소리가 나지 않듯이 여당과 야당이 마주치지 않으면 싸울 수가 없습니다. 국회에서의 모든 싸움은 입법과정에서 여당과 야당의 이해가 상충할 때 의석수가 적은 정당(소수당)이 싸우는 것입니다.

의석수가 많은 정당(다수당)이 마음만 먹으면 자신의 입맛대로 정책을 만들어 다수결의 원칙에 따라 합법적으로 통과시키기 때문입니다.

그 정책이 그대로 통과되어 국민의 이익에 반하는 것이라면 싸워서라도 말려야 되는 것입니다.

그것이 국회의원의 책무입니다.

그렇게 하라고 국회의원으로 뽑아준 것 입니다.

언론은 국회에서 싸울때 마다 시민의 의견을 인터뷰 하면서 약방의 감초처럼 끼워 넣는 것이 국회가 싸우지 말고 화합하는 자세를 보여 달라는 것 입니다.

시끄럽게 하지말고 두루뭉실 넘어가라는 말씀입니다

존경하는 선배 동료 국회의원들 끼리 화합하여 만들어진 정책으로 자신이 피해를 입어도 그런 말씀 하실 수 있을지 궁금합니다.

국회는 항시 분쟁지역입니다.

국토를 지키기 위하여 국경선에 항시 군대가 총칼을 들고 작으마한 움직임까지 단호하게 대응 하는 것처럼 국민의 삶에 조금이라도 저해되는 법이라면 국회의원이 단호하게 대응 하는 것과 같은 이치입니다. 싸우지(討論) 않는 국회는 국회가 이니기 때문입니다.

분쟁은 여당(대통령이 소속된정당)이 국회의석이 많은 다수당일때 더 많이 일어납니다. 도발은 항시 소수당입니다 이는 대통령의 거부권(拒否權) 또는 재의요구권(再議要求權) 횟수와 이유를 보면 쉽게 알수 있습니다.

다수당은 상임위원회와 법제사법위원회위원장이 법안을 상정하면 반대의견을 듣고 다수결의 원칙에 따라 표결하면 소수당이 막을 수가 없기에 소수당의 방법은 오직, 상정을 저지하는 것 뿐 이기에 분쟁이 발생하게 되는 것입니다. 이는 본회의 에서도 마찬가지 입니다.

다수당은 어떠한 법안이라도 통과 시킬 수 있기 때문입니다.

이승만 대통령이 손수 만들어 공포한 대통령 연임 조항을 3선이 가능하도록 헌법을 고친 것이나 박정희 대통령의 유신헌법도 여당이고 다수당이었기에 가능한 것 이었습니다.

대한민국은 인류역사상 최고의 법전으로 추앙받는 바이마르

헌법에 기초하여 1948년 제정 공포한 헌법을 가지고 있습니다.

그러나 해가 바뀌고 경제활동과 산업이 다양화 되면서 현실에 맞추어 폐지할 것, 개정할 것, 제정할 것이 무수히 많습니다. 그러하기에 입법부인 국회의 고유업무인 폐지, 개정, 제정할 법안 또한 무수히 많습니다.

폐지, 개정, 제정을 하려면 법안을 제출하고 상임위원회 소위원회 검토를 거쳐 상임위원회의 의결을 거치고, 법제사법위원회 의결을 거쳐 본회에 상정하여 통과되면 정부(대통령)는 이송 후 15일 이내에 대통령의 공표로 효력이 발생되는 것입니다.

이 과정에서 지향점이 다른 정당의 분쟁이 있더라도 대통령의 공포에 이르는 것은 여당이 다수당이기 때문입니다.

여당이 다수당이면 3선개헌 유신헌법이던 무엇이던 합법적으로 어떠한 법안이라도 폐지, 개정, 제정 할 수 있는 것입니다.

민주주의대한민국공화국 78년 동안 국민의힘(보수정당)이 66년을 12년은 더불어민주당(진보정당)이 여당이었습니다.

국민의 힘은 보수를 지향하고 민주당은 진보를 지향하고 국민의 힘은 국민을, 민주당은 서민 과 중산층을 위하는 정당으로 활동하고 있습니다.

보수를 지향하는 국민의 힘은 가진 자와 강한 자를 위한 정당, 진보를 지향하는 더불어민주당은 가지지 못한 자와 약한 자를 위한 정당으로 각인되었습니다.

여당이면서 다수당이었던 보수당은 자신들이 제안한 입법은 제안한 데로 통과되어 거부권(拒否權) 또는 재의요구권(再議要求權)도 없었습니다.

소수당의 의견은 다수결에 묻혀졌기 때문입니다.

여대야소 국면의 소수당의 설움이 이것입니다.

진보정당 김대중정부는 여소야대 국면이었습니다.

김대중 대통령을 협치(協治)의 대명사로 추켜 세우지만 실상은 자신의 살을 내어주고 상대방의 뼈를 자른다'는 육참골단(肉斬骨斷) 정략 이었습니다. 그러면서 2보 전진을 위한 1보 후퇴라 포장하였습니다. 115석으로 133석을 넘어 법안을 통과 시킬 수 없기에 두개를 주고 한 개를 얻은 것입니다.

그렇지 않으면 한 개를 얻을 수 없기 때문이었습니다. 협치(協治)가 아니라 굴복에 가까운 것입니다.

이것이 소수당의 현실입니다.

협치(協治)는 여당이 과반다수당일 때는 존재하지 않습니다.

여소야대 국면에서 여당이 야당에게 하는 말이 협치(協治)입니다.

22대 국회는 175석의 절대 다수당인 민주당. 108석의 여당 국민의힘과 진보성향의 조국혁신당 12석, 개혁신당 3석, 진보당 1석, 새로운미래 1석으로 국정을 총괄하는 대통령과 여당인 국민의힘은 정책을 입안하여도 입안한 정책이 국민에게 해가되면 절대 통과될 수 없습니다. 108석의 국민의힘이 법안을 통과시키기 위하여는 야당의 협조가 없으면 안되기에 김대중정부처럼 대통령과 여당이 민주당에게 굴복 하는 것이 국민의힘과 대통령의 협치(協治)입니다.

여당인 국민의힘이 절대 다수당이라면 자신들의 법안을 다수결로 통과 시킬 수 있기에 굳이 협치(協治)를 거론할 이유가 없기 때문입니다.

다수당이라고 모두 이룰 수는 없습니다. 노무현정부에서 과반에서 2석 많은 152석으로 4대 개혁입법으로 국가보안법,

사립학교법, 과거사진상규명법, 언론관계법을 발의 하였지만 반 노무현계열의 반대로 당시 박근혜당대표와 협치를 하면서 과거사진상규명법은 폐지되고 국가보안법, 사립학교법, 언론관계법은 수정 합의하여 통과 시켰습니다 만, 상처 뿐인 영광이었습니다. 본질은 누더기가 되어 버리고 말았습니다

다수 당, 그것도 절대 다수당이라면 야당이라 하여도 대통령의 법안까지 제어할 수 있고 통치에 관한 사항까지 견제할 수 있습니다.

대통령과 국민의힘이 방관한 이태원특별법을 통과시키고 나아가 채상병 특검법을 통과시키고 국회 동의청원 "윤석열 대통령 탄핵소추안 즉각 발의 요청에 관한 청원"을 상정시켜 청문회를 개최하는 힘은 175석의 민주당과 14석의 진보성향 정당을 포함한 189석의 힘입니다.

정당의 국회의석수가 곧 국회의 힘이기 때문입니다.

국회의석의 힘은 국회상임위원회부터 발휘됩니다. 국회상임위원회는 국회운영위원회, 법제사법위원회, 정무위원회기획재정위원회, 교육위원회, 과학기술정보방송통신위원회, 외교통일위원회, 국방위원회, 행정안전위원회, 문화체육관광위원회, 농림축산식품해양수산위원회, 산업통상자원중소벤처기업위원회, 보건복지위원회, 환경노동위원회, 국토교통위원회, 정보위원회, 여성가족위원회, 예산결산특별위원회와 특별위원회의 위원장 확보에서 발휘가 됩니다.

국회법이 보장하는 위원장의 권한이 가히 절대적이기 때문입니다.

국가 의전서열에서 국회의원은 62위 이지만 운영위원회위원장은 35위 법제사법위원회 위원장은 36위 입니다.

모든 상임위원회 위원장도 중요하지만 특히, 대통령 탄핵 같은 엄청난 헌법재판소 의결에서 피고를 신문할 권한을 가진 법제사법위원회 위원장은 상임위원회의 꽃중의 꽃입니다.

법제사법위원회는 상임위원회의 옥상옥 위원회입니다. 다른 상임위원회에서 가결된 법안이라도 법제사법위원회를 통과하지 못하면 본회의에 상정할 수 없기 때문입니다.

의석의 힘은 상임위원회 위원 배정에서도 발휘가 되는데 위원이 30명인 상임위원회위원의 배분은 교섭단체 (20인 이상 의석정당)인 A정당 180석 / 300석 이고, 교섭단체 B정당 90석 / 300석 일때 A정당은 20석. B정당은 10석을 확보하게 되어있습니다. 만약 미교섭단체 C정당이(1명) 참여하고자 하면 A. B 정당 중 한 정당이 자신의 정당이 배정받은 의석을 양보 받으면 됩니다. 이 과정에서 우호정당인지 알 수가 있습니다.

소집, 진행, 상정 권한을 가진 위원장이 상정을 하면 표결을 하여야 하기에 표결에 들어가면 절대 A정당을 이길 수가 없는 것입니다.

야당이라도 절대 다수당이 되면 아무리 여당이라도 제어할 수가 없기에 상임위원장 자리는 이토로 중요한 자리입니다.

B정당의 위원장이 소집을 미루거나 상정하지 않으면 표결을 할 수 없기에 의석수는 필요가 없게 되는 것입니다.

가장 중요한 상임위원회는 법제사법위원회와 위원장입니다

국민의힘 에서 법제사법위원회와 위원장과 국회운영위원회 위원장을 차지하려고 국회구성을 벼랑끝에 가서야 구성한 이유인데요, 국회의 구성은 새로운 임기가 시작되기 전 아직 정식으로 국회의원이 되기 전에도 불구하고 원내대표를 내정(선출)하는 이유는 국회구성 즉, 상임위원회 위원장과 상임위원회 위원 배분과 배치를 마무리 하여 첫번째 본회의 의결로 확정하여 국회의원의 소임인 정부를 감시, 감독하고 법안의 폐지, 개정, 제정에 대한 심사와 의결. 국정감사. 예산결산 처리 업무를 위한 100일의 정기회의와 30일의 임시회의 일정에 차질을 주어서는 안되기 때문입니다.

원내대표 내정자 간 협의가 조기에 이루어지지 않을 경우 국회의장은 임기개시 월 마지막 날(국회개원일)까지 구성을 권고하고, 국회의장의 권고에도 구성하지 않을 경우 국회의장 직권으로 배정할 수 있습니다.

22대 국회에서 여당인 국민의힘이 마지막에 가서야 국회를 구성한 이유가 법제사법위원회 위원회와 운영위원회 위원장 때문인데요

법제사법위원회는 국회 전체 분과별 상임위원에서 통과된 법안이라도 법제사법위원회 법안소위원회 와 전체회의를 통과하지 아니하고는 본회의에 상정할 수 없기에 법제사법위원회 위원장의 권한은 실로 막강한 자리이기 때문입니다.

법제사법위원회 위원의 의석이 교섭단체 의석수 배분으로 민주당이 과반이 넘는다고 표결을 하면 되겠지 하는 생각은 오해입니다. 회의의 소집, 진행, 상정 권한이 위원장에게 있어 위원장이 국민의힘 이라면 회의의 소집을 미룰 수 있고, 회의를 소집한다 하여도 고의적으로 휴정을 유도하여 파행(반쪽회의) 할 수 있고, 법안을 상정하지 않을 경우 아예 표결에도 부칠 수 없기에 민주당으로서는 절대 양보할 수 없는 위원회가 법제사법위원회이고 위원장 자리인 것입니다.

행정안전위원회 또한 법제사법위원회 와 비슷합니다. 행정안전위원회는 대통령실을 감시,감독할 권한을 가졌기에 보통 여당이 맡아 대통령을 보호하여 왔지만 역대 대통령과 대통령부인들의 못된 것을 다 가지고 있어 법제사법위원장과 함께 민주당이 가져가면 대통령과 부인을 보호하기 어렵기에 원내대표 까지 사퇴하며 배수의 진을 치는 상황을 연출하였지만 절대 다수당에게는 불가항력일 뿐 이었습니다. 결국 울며 겨자 먹듯이 7개 상임위를 수용하게 된 것입니다.

22대 입법활동은 60여년 동안 보수당 독단으로 처리한 것처럼 민주당이 처리하게 될 공산이 큽니다

더구나 차기에 정권이 절대 다수당인 민주당으로 교체되어 여대야소 국면이 될 경우 민주당의 정책대로 운영하게 될 것입니다

대통령이 다음 세대만을 생각하는 정치가(政治家)정치로 성군(좋은대통령)의 자세로 통치한다면 23대 국회도 22대와 같이 될 것이 유력합니다

국민이 정치를 얼마나 인식하느냐에 따라 행, 불행이 결정된다는 것입니다.

법제사법위원회가 절대 다수당의 힘으로 가결하고 본회의에서도 가결 한다고 즉시 시행되는 것이 아닙니다.

대한민국헌법 제53조 에 따라 의결된 법률안을 정부에 이송되어 15일 이내에 대통령이 공포하여야 효력이 발생하는 것입니다.

그런데 대통령이 이를 받아 들이지 아니 하면 가결안을 송부받은 날로부터 15일 이내에 이의서를 부쳐 국회에 되돌려 보낼 수 있는 권한, 즉, 거부권, 재의요구권(再議要求權)을 행사하기 때문입니다

대한민국헌법 제53조 제2항 법률안에 이의가 있을 때에는 대통령은 제1항의 기간내에 이의서를 붙여 국회로 환부하고, 그 재의를 요구할 수 있다. 국회의 폐회 중에도 또한 같다. 때문입니다.

대통령의 거부권 또는 재의요구권(再議要求權) 행사는 국회 의석이 여소야대 국면의 대통령이었다는 공통점을 가지고 있습니다.

여대야소 국면에서는 설령 대통령이 잘못한 일이 있다 하여도, 법제사법위원회 의결은 커녕 상정도 하지 않을 수 있고 설령 상정하여도 의결에서 통과가 되지 않을 뿐더러 설령 본회의에 상정되었다 하더라도 가결이 되지 않기 때문에 거부권을 행사할 국회결의서 자체가 없기 때문입니다.

역대 대통령의 거부권 행사 횟수를 보면 쉽게 알 수가 있는데 이명박 대통령 1건, 박근혜 대통령 2건. 김영삼, 김대중, 문재인 대통령 0건인 이유가 여당의 국회의원이 많았기 때문 입니다.

노무현 대통령 6건, 노태우 7건인 이유는 여소야대 국면이었기 때문입니다.

윤석열 대통령 또한 여소야대 국면에서 잘못한 것을 피해갈 수 없기에 거부권이 많아 질 수 밖에 없게 된 것입니다.

이태원 참사 특별법, 양곡관리법, 간호법, 노란봉투법 , 방송

3법, 쌍특검법(대장동 50억 클럽·김건희 주가조작), 채상병 특검법 등 9개 법안에 대하여 거부권을 행사하였는데 이태원 참사 특별법은 22대 국회에 들어와 수용하였습니다.

대통령의 권한으로 15일 이내에 국회로 재의요구권(再議要求權)을 송부하면 국회는 대통령의 의견을 존중할 것인지 거부할 것인지를 결정하여 국회가 가부를 표결에 부치는 행위가 재의결입니다.

"재의결은 재적의원 과반수의 출석과 출석의원 3분의2 의 찬성으로 결정되면 다시 정부로 넘어가고 이 때에 대통령이 공포하지 않을 경우 국회의장이 직권으로 법률안을 공포하는데 대통령이 공포한 것과 같은 법적효력을 가지게 됩니다.

참고 . 재적(在籍)은 국회의원 총수 즉 300명 이고 재석(在席)은 출석인수 입니다.

만약, 22대 국회에서 윤삭열대통령이 거부한 안건을 재의결

할때 효력을 가지기 위 하여는 300명의 과반수 인 150명이 출석하여 150명의 2/3 인 100명이 찬성하여야 합니다.

재의결 때는 모든 정당이 출석을 독려하여 국회의원이 출석하게 되는데, 여당 108명이 반대하면 당연히 부결되는 것은 당연합니다.

가결의 경우는 여당 8명이 반대하는 것인데 이는 어려운 일이고, 야당 192명 찬성으로 가결되는 경우의 수는 출석인수가 288명 일 경우 입니다. (192 x 3 ÷ 2 = 288) 여당 12명이 출석을 하지 않는 것인데 재의결 때는 외국에 출장중 인 의원까지 귀국을 시키는 전례로 볼때 가능성이 없습니다.

국회의원은 일반적으로 생각하는 것 보다 풍부하지도 화려하지도 편하지도 않습니다.

국회의원은 설, 추석보너스 828만원 등을 합쳐 연 1억6천만원 정도 받는데 월 평균수령액은 1천만원 정도입니다.

국민의 눈에서는 엄청난 금액으로 보이지만 후원금이 없으면 삼성이나 현대의 사외이사, 공기업 사장 보다 못합니다. 세비 이외에 차량 유지비 월 약 40만원, 유류비 월 100만원, 업무용 택시비 연 100만원, 야근 식대비 연 770만원, 입법, 특별활동비 연 5,000만원, 사무실 경비 연 1억 2,000만원이 나오는데 이 금액은 국회의원 사비가 아닙니다.

국회(사무처)에서 직접 월급을 받는 4급 2명, 5급 2명, 6급~9급 각 1명씩 총 9명의 보좌관(비서 포함)과 함께 사용하는 공공비용입니다.

해외 시찰이 필요할 때 연간 2천만원을 쓸 수 있습니다.

일반적으로 집에서 아침을 먹고 대문을 나와 집에 올때까지 개인 돈을 쓸 정도는 아니기에 월 1천만원은 수치상으로 순수익입니다.

그럼에도 집에 가져다 주는 돈이 쥐꼬리라면 이해 못하시는 분들이 부지기 수 입니다.

천만원 받아서 세금 떼고, 정당 직책당비 평균 월 100만원 떼고, 지역사무실 경비(조화, 화환, 직원, 전기,수도, 임대료, 신문대, tv, 인터넷커피음료 등), 지역구 원로들 식사비, 경조사비 빼고나면 남는 것이 없습니다. 오히려 모자라기 까지 한데 후원금이 없으면 부인만 고생을 시키지요.

후원금은 연 1억5천만원 까지 만 받을 수 있고 수입, 지출에 관하여 선관위에 신고하여 정치활동에만 사용합니다. 후원금이 들어오는 국회의원이라면 지역사무실 경비(조화, 화환, 직원, 전기,수도, 임대료, 신문대, tv, 인터넷커피음료 등) 은 후원금으로 사용할 수 있기에 지역사무실의 경비의 일부만큼 집에 가져갈 수 있을 뿐 입니다

더구나 국회 근처에 잠자리를 두어야 하는 국회의원의 경우는 더 어려움을 겪고 있습니다.

후원금에서 주지할 것은 후원금 금액이 국회의원 마다 다르다는 것입니다.

후원금이 적은 국회의원은 인기없는 상임위원회 소속이거나 국민에게 인기가 없거나 민원을 지양하는 국회의원입니다.

후원금이 보통인 국회의원은 인기없는 상임위, 민원의 지양에 관계없이 국민(당원)에게 일 잘한다는 칭찬을 받는 국회의원입니다.

후원금이 많은 국회의원은 인기있는 상임위, 민원을 충족하여 주는 국회의원이 대부분 입니다.

민원도 충족하여 주지도 않고 항상 일에 미쳐 있는 견자(狷者)와 같아 별로 인기는 없지만 일을 잘해서 선거때 찍어 줄 수 밖에 없는 국회의원의 가정생활은 풍족하지는 않지만 그렇게 어렵지도 않습니다.

인간은 물욕(物慾), 권력욕(權力慾), 명예욕(名譽慾)이 공존합니다.

물욕(物慾)을 중시하면(60%) 권력(權力)은 30%, 명예(名譽)는 10%를 가지고, 권력(權力)을 중시하면(60%) 물욕(物慾)은 40%, 명예(名譽)는 0%를 가지고, 명예(名譽)을 중시하면 (60%) ,권력(權力)은 30%, 물욕(物慾)은 10%를 가지기 때문입니다

명예(名譽)을 중시하며 견자(狷者)의 자세를 가지면 가정경제는 풍족하지 않지만 먹고 사는 것은 걱정이 없고 사회생활은 존경받으며 안정을 유지할 수 있습니다.

세계 10대 경제부국, 5대 국방강국을 유지하고 나아가 5대 부강국가에 진입하여 우리와 우리의 후손이 행복을 정치적으로 책임 져야할 대한민국 국회에 가장 필요한 국회의원입니다.

젊은이가 나라를 다스리는 정치(政治)에 관심을 가지지 않으면, 정치의 정석에 관심을 가지지 않으면 우리는 물론 우리 후손의 행복은 담보 될 수 없습니다.

그러하기에

정치는 기독교 교인의 필수품인 성경과 같은 생활필수품으로 가슴에 담아두고 살아야 합니다.

수신제가(修身齊家)에 이를 정도가 되면 대통령의 보좌역인 공무원, 선출직공직자(시,구,도,국회의원, 지,광역단체장)에 도전하여 이웃에 봉사하시길 바랍니다.

국회의원 피선거권은 선거 다음날 기준 만 18세 이상의 대한민국 국민이면 가능하고, 후보등록은 정당의 추천서(당 대표직이 찍힌 공천장)나 국민의 추천서(무소속)와 함께 1,500만원의 기탁금, 후원회 관계 서류, 회계책임자 1인을 선거관리위원회에 등록한 다음, 14일의 선거운동과 투표를 거치면 선거관리위원회는 다수득표자를 당선자로 확정하여 당선증을 교부받으면 임기 개시일에 국회에서 국회법 제24조 "나는 헌법을 준수하고 국민의 자유와 복리의 증진 및 조국의 평화적 통일을 위하여 노력하며, 국가이익을 우선으로 하여 국회의원의 직무를 양심에 따라 성실히 수행할 것을 국민 앞에 엄숙히 선서합니다."를 시작으로 4급 보좌관 2명, 5급 보좌관 2명, 6~9급 비서관 9명을 국회사무처로 부터 지원(봉급)받아 자신의 지식과 관계있는 상임위원회를 배정받아 상임위원회 소속의 행정부처를 감시,감독하고 법의 폐지, 개정, 제정법안의 심의의결하는 활동을 하게 됩니다. 보너스를 포함한 연봉(세비)은 물가상승율에 따라 다르지만 대략 1억6천만원 정도를 수령 합니다.

무소속 보다 정당후보로 출마하는 것이 유리한데 이는 당원제도 때문입니다. 첫번째 순서는 정당에 가입하여 활동하면서 공천장을 받는 것입니다. 공천장은 정당의 공천심사위 규정에 따라 단수공천이나 경선을 통하여 결정하여 당 최고위원회의 승인을 거쳐 정당의 대표가 정당직인을 날인함으로서 공천이 이루어 집니다.

공천장을 비롯한 제반서류를 선거관리위원회에 등록하면 전 국회의원 임기만료일 50일 전 첫째 주 수요일에 투표를 하는데 만약, 이날이 공휴일 이거나 민속절일 이거나 첫 번째 화요일이나 목요일이 공휴일이거나 민속절일 경우 두 번째 수요일에 하게 되어 있고 선거운동 기간은 14일 이며 투표일에는 선거운동을 할 수 없습니다.

선거운동은 선거운동원을 포함한 선거운동에 필요한 선거사무실과 집기, 사무용품, 선거사무원, 명함, 걸게그림, 포스터, 방송대담차량, 방송출연비, 방문객접대 음료등 비용은 정부에서 제공하는데 평균 2억원 정도입니다. 대통령 선거와 같이 선거비용을 국민의 세금으로 치르는 공용선거제를 도입하여 3낙4당 (30억쓰면 낙선 40억쓰면 당선)의 구태하고 부끄러운 선거문화를 정착하기 위함입니다. 또한 농사꾼이 농사철에 농사를 지어야 한다는 무지함으로 무분별한 출마를 지양하여 득표율이 15%을 넘으면 기탁금과 법정선거비용을 전액을 지급받고 10%~15% 이하이면 50%를 지급받고 10% 이하면 한푼도 지급하지 않는 제도를 도입하였습니다.

이러한 선거문화에서 선거운동을 하는 후보를 살펴보면 다음 선거만을 생각하는 정치인(政治人)인지 다음 세대만을 생각하는 정치가(政治家)인지 알 수 있습니다.

조찬기도회와 같은 형식으로 주민의 대표급과 교류를 하는 후보

(지역모임단체장, 지역책임자 들로 활동비지급이 목적임),

관광차 출발 전 차 안에서 인사하는 후보

(모임을 주선한 자와 금품제공 목적임).

식사시간(점심,저녁)에 식당의 두세곳 다니는 후보

(보좌관이나 지인을 통해 식사비를 제공할 목적).

아침 일찍이나 저녁 늦게 사무실에 주민이 많이 방문하는 후보

(지역담당 선거운동책임자 활동비 지급 목적임),

이러한 후보는 괴로움과 불행을 주는 후보입니다.

선거운동은 운동방법과 그에 따른 비용과 비용의 범위가 법적으로 정해져 있습니다. 위와같은 행위로 돈을 쓰지 말라는 것입니다. 후보나 후보의 지인이 후보를 당선시킬 목적으로 금품(식사 등)을 제공한 자에게 법적책임을 묻고, 제공 받은

자는 제공받은 금액의 50배에 달하는 벌금을 부과하도록 규정하고 있습니다.

이러한 후보가 당선되면 이렇게 지출한 금액은 불법후원으로 이어지고 부정한 청탁으로 이어져 다음 선거와 사익만을 추구하는 정치인(政治人)으로 전락하는 것입니다.

위와 같은 선거운동이 많이 발생하는 지역은 도농복합도시(시,군,구,동,읍,면) 지역구입니다.

14일 이내에 지역구의 모든 자연부락을 방문하기 어렵기에 소위 책임자를 불러내기 때문입니다.

도시지역은 유권자가 많아 6~7개의 동(洞)이나 10개 동(洞)이 한개의 지역구가 일반적입니다. 이러한 지역구는 지역구민이 항시 모이는 시장이나 상가에서 쉽게 유권자를 접할 수 있고, 이웃의 아파트단지는 커녕 자신의 아파트단지 주민과의 교류도 원활하지 않아 도농복합도시와 같은 불법선거운동 자체가 어려워 법정선거운동비용 평균 2억원도 남는 후보도 많습니다

이러한 후보가 당선되면 오로지 국회의원의 업무만 하여도 먹고사는데 지장이 없기에 다음 세대와 공공이익만을 생각하는 정치가(政治家)가 되는 것입니다.

선출직공직자는 임기를 법으로 규정하고 있습니다.

법으로 임기를 규정한 내면(속뜻)은 임기 동안 자기 맡은 바 책무를 다하지 못할 경우 바꿔야 하기 때문입니다.

국회의원이 국민들은 엄청난 봉급을 받는 것처럼 인식하고 있지만 장관이나 대통령이 임명하는 위원장급 인사들에 비하여 풍족하지도 화려하지도 않습니다. 업무는 몇 배 더 많으면서도 봉급도 보너스도 적습니다.

예우도 그들에 비해 낮습니다.

대한민국 요인들의 의전서열은 1위 대통령, 2위 국회의장, 3위 대법원장, 4위 헌법재판소장, 5위 국무총리 (권한대행) 6위 중앙선거관리위원회 위원, 7위 여당 대표, 8위 교섭단체 야당 대표, 9위 국회부의장, 10위 감사원장, 11위 부총리 겸 기획재정부장관, 12위 교육부장관, 13위 국가정보원장, 14위 국가안보실장, 15위 과학기술정보통신부장관, 16위 여당 원내대표, 17위 야당 원내대표, 18위 대통령비서실장, 19위 외교부장관, 20위 통일부장관, 21위 법무부장관,22위 국방부장관, 23위 행정안전부장관, 24위 국가보훈부장관, 25위 문화체육관광부장관, 26위 농림축산식품부장관,27위 산업통상자원부장관, 28위 보건복지부장관, 29위 환경부장관, 30위 고용노동부장관, 31위 여성가족부장관, 32위 국토교통부장관, 33위해양수산부장관, 34위 중소벤처기업부장관, 35위 국회 운영위원장, 36위 국회 법제사법위원장, 37위 국회 정무위원장, 38위 국회 기획재정위원장, 39위 국회 교육위원장, 40위 국회 과학기술정보방송통신위원장, 41위 국회 외교통일위원장, 42위 국회 국방위원장, 43위 국회 행정안전위원장, 44위 국회 문화체육관광위원장, 45위 국회 농림축산식품해양수산위원장, 46위 국회 산업통상자원중소벤처기업위원장, 47위 국회 보건복지위원장, 48위 국회 환경노동위원장, 49위 국회 국토교통위원장, 50위 국회 정보위원장, 51위 국회 여성가족위원장, 52위 국회 예산결산특별위원장, 53위 대법관, 54위 헌법재판소 재판관, 55위 국회사무총장, 56위 공정거래위원회 위원장, 57위 금융위원회 위원장, 58위 개인정보보호위원회 위원장, 59위 국민권익위원회 위원장, 60위 국무조정실장, 61위 방송통신위원회 위원장 62위 검찰총장 ,국회의원 (차관급) 으로 국회의원은 36위에서 62위로 장관 아래입니다.

다만, 장관(행정부)을 감시, 감독하는 권한이 있는데 이는 대한민국 헌법 제1조 2항. 대한민국의 주권은 국민에게 있고, 모든 권력은 국민으로부터 나온 권한을 대한민국의 주인인 국민으로 부터 위임 받았기 때문입니다.

국민으로 부터 위임받은 국회의 권한으로 나라를 다스리는 행정부를 총할하는 대통령통치를 견제하는 것입니다. 국민은 대통령(행정부)의 그릇된 점을 알 수도, 볼 수도 없고 들을 수만 있기에 그릇된 점을 가까이에서 보고 잘못된 점을 바로잡고 알려달라는 취지로 지역의 대표로 국회의원 선출하는 것입니다.

국회는 열려 있으나 닫혀있습니다.

9월1일 부터 시작되는 100일간의 정기회, 30일 간의 임시회를 제외하면 국회는 보좌관들 만이 근무하여 열려 있는 것처럼 보이지만 국회의원은 보이지 않습니다.

당선되었다 하더라도 은퇴하기 이전에는 모든 날이 선거운동이기 때문에 지방단체의 행사와 지역구내 단체행사를 비롯한 각종 축제, 시, 도당과 지역위원회 회의에 참석하여야 합니다. 휴일과 중복된다 하여도 일년에 5~60여일은 지역활동입니다. 연 평균 210일의 근무일수 에서 정기회, 임시회 130일 이외에 30일도 거의 외근? 입니다.

연 180일 출근을 제도화하여 살아있는 국회로 태어나야 합니다. 보좌관을 혹사하는 국회의원을 지양하여야 합니다.

출근 카드는 지문인식 시스템을 도입하고 입실 표시등을 설치하여 의원간의 소통을 원활히 하여야 합니다.

상임위원회 구역을 설정하여 소통의 시간적 손실을 줄여야 합니다. 출퇴근의 어려운 지역의 국회의원에게 숙소를 제공하여야 합니다.

항시 열려있으면서 살아있는 국회, 국민의 행복입니다.

제 11 장

언론이 깨어나야 국민이 산다

정론직필이 답이다

언론의 사명인, 바른 주장을 펴고 사실을 그대로 전한다는 정론직필(正論直筆)을 언론에 요구하는 것은 실로 부끄러운 일 입니다.

자식이 부모님에게 부모님답게 하세요 라는 말과 같기 때문입니다.

대한민국 언론은 부모님답게 하지 못하고 있습니다. 자식이 잘되라고 회초리를 든 부모가 아니라 몽둥이을 들고 자식을 훈육하는 부모님과 다름이 없기 때문입니다.

족벌신문이든 아니든 어느 신문사도 정론직필(正論直筆)을 강조하지 않는 신문사는 없습니다. 국가의 이익과 정론직필(正論直筆)치 않으면 신문사 허가 자체를 득하지 못하기 때문입니다.

창간 순서대로 신문사의 사시, 사훈을 살펴보면

* 조선일보 - 창간: 1920.3.5.

- 사시: 정의옹호, 문화건설, 산업발전, 불편부당

* 동아일보 - 창간: 1920.4.1

- 사시: 민족의 표현기관으로 자임함.

　　　　민주주의와 문화주의를 지지하고 제창함.

*서울신문 - 창간 1945.11.22

- 사시: 나라의 이익을 앞세운다.

　　　　정치를 바른 길로 이끌어 준다.

　　　　경제를 뻗게 하는 길잡이가 된다.

　　　　사회를 밝게 하는 횃불이 된다.

　　　　문화를 꽃피우는 샘터가 된다.

* 경향신문 - 창간: 1946.10.6

- 사시

진실, 공정한 보도와 논평을 통해 할 말은 하고 쓸 것은 쓰는 사회공기로서의 사명을 다한다.

부정, 부패, 폭력을 배격하고 자유, 정의, 인권을 수호하는데 앞장선다.

의회민주주의와 시장경제를 발전시켜 민주복지국가를 완성하는데 진력한다.

민족의 이익을 도모하고 조국의 밝은 미래를 창조하는데 선도적 역할을 수행한다.

* 한국일보 - 창간:1954.6.9
- 사시: 춘추필법의 정신

　　　　정정당당한 보도

　　　　불편부당의 자세

* 중앙일보 - 창간: 1965.9.22
- 사시:

사회정의에 입각하여 진실을 과감 신속하게 보도하고 당파를 초월한 정론을 환기함으로써 모든 사람이 밝은 내일에의 희망과 용기를 갖도록 고취한다.

사회복지를 증진시키기 위하여 경제후생의 신장을 적극 추구하고 온갖 불의 와 퇴영을 배격함으로써 자유언론의 大經大道를 구축한다.

사회공기로서의 언론의 책임을 다함으로써 이성과 관용을 겸비한 건전하고 품위 있는 민족의 목탁이 될 것을 자임한다.

- 사훈: 시민사회의 정론을 대변한다.

　　　　세계변화와 호흡을 같이한다.

　　　　제일주의의 경영을 추구한다.

* 국민일보 - 창간: 1988.12.10

- 사시: 사랑, 진실, 인간

* 세계일보 - 창간: 1989.2.1

- 사시: 애천(愛天) 애인(愛人) 애국(愛國)

신문사의 사시와 사훈은 정의를 옹호하고 ,불편부당 지양, 올바른 민주주의정치 구현, 국가 이익, 진실, 공정한 보도와 논평 , 사회정의, 진실의 신속 보도, 시민사회 정론대변 이지만 공통점은 정론직필(正論直筆)을 사명으로 하고 있습니다.

대한민국 양대 신문인 조선, 동아의 사시를 보면 조선은 정의옹호, 문화건설, 산업발전, 불편부당 동아는 민족의 표현기관으로 자임하며 민주주의와 문화주의를 지지하고 제창함. 입니다. 공통점은 문화인데 여기서 말하는 문화는 조선에 일본의식을 심는 것입니다. 일제 치하에서 신문사 허가를 득하기 위하여는 불가역적인 조항이기 때문 이었을겁니다.

이때, 유명한 말이 있는데 조선일보 광산왕 방응모는 자가용으로 납시고, 동아일보 송진우는 인력거로 꺼덕꺼덕, 이라는 말입니다. 조선일보는 그만큼 잘 나갔다는 것 이지요.

일제 치하에서 조선민의 사기를 진작하고 민족혼을 주지시키면서도 살아 남기 위하여는 어쩔 수 없이 신년 초에 일본 천황의 부부사진과 함께 경배 수준의 글을 써야 하였고 대동아전쟁에 청년을 동원하는 글을 쓰거나 전쟁물자 공급 독려기사 같은 치욕적인 글을 써야 하였을 겁니다.

동아일보는 그 와중에 민족의 수호자 역할을 하여 왔습니다 민족의 우수성과 자존심까지 살려준 손기정 유니폼 일장기 말살사건이 대표적 입니다.

1936년 백림(베를린) 올림픽 마라톤 경기에서 2분29초19로 마라톤 역사상 최초로 2분30초 벽을깨고 금메달을 수상한 사진의 일장기를 이길용기자가 지우고 게재하여 279일 정간을 당한 일장기말살사건입니다.

황금사자기 야구대회를 창설한 장본인 이길용입니다.

이승만 정부의 반민주 행위에 항거하고 무시무시한 박정희 군부독재에 까지 맞서 싸움으로서 그 보복으로 처참할 정도의 고통을 받은 동아일보이었습니다.

새벽에 신문이요 소리가 반가웠던 동아일보 이었습니다.

1974년 동아일보는 백지광고라는 처참한 시련을 맞이하게 됩니다.

1972년 박정희 군부가 비상계엄을 선포하여 국회를 해산하고 장기집권을 위한 유신헌법을 통과시키자 학생과 시민이 이에 항거하는 집회에 참여한 기자들의 해고를 요구하고 중앙정보부를 동원하여 기업들에게 신문광고를 실을 수 없도록 강제한 것입니다.

신문사는 광고가 생명 줄 입니다. 신문을 팔아도 좋아, 인쇄, 수송, 배달에 소요되는 비용을 빼고나면 정작 신문사는 남는 것이 없습니다. 그러면서도 무가지(무료신문) 까지 감수하며 발행부수를 늘리는 것은 발행부수에 따른 광고판매와 광고비가 다르기 때문입니다. 프린터 기계를 싸게 팔고 비싼 잉크를 팔아 이익을 보는 것과 같은 것입니다.

광고가 사라진 동아일보가 폐간의 위기에 처하자 국민은 10,352개의 백지광고를 실어 동아일보를 회생시켰습니다.

문구도 없고 광고주 이름도 없는 그냥 박스만 있는 광고였습니다.

광고를 실은 사람이 들통나면 곤란하니까 말이지요 .

이때

언론의 자유를 지키려는 한 시민의 이름으로 낸 광고가 있습니다.

"언론자유는 우리의 생명이다. 그것 없이는 인권도, 사회정의도, 학원과 종교의 자유도 그리고 국민의 자발적 참여에 의한 국가안보도 존재하지 않는다.

언론자유는 민주국가의 혼이요, 모든 소망의 근원이다. 이것을 지키는 것은 우리의 절대적 의무요, 양도할 수 없는 권리다. 동아일보의 백지광고란은 권력의 음모와 오만의 단적인 증거이며, 국민의 알권리에 대한 정면 도전이다. 이는 동아일보의 문제가 아니라 우리 모두의 사활에 관한 문제인 것이다.

나는 언론자유와 민족회복을 열망하는 한 시민으로서 모처럼 타오르기 시작한 언론자유의 촛불을 지키기 위하여 이 광고문을 유료 게재한다. 그리고 다음과 같이 우리의 노력 방안을 밝히고 뜻있는 국민의 빠짐없는 참여를 호소하는 바이다.

모든 민주시민은 언론자유를 위해 분투하고 있는 동아 매스컴에 대하여 적극적인 성원을 보내자.

종교전체, 법조인, 문화저작자, 중소 상공업자와 유지 시민은 업무광고, 신년축하, 동아의 건투를 축하는 광고 캠페인을 동아매스컴 전체에 대하여 대대적으로 전개하자.

동아일보의 당면한 재정난을 돕기 위하여 구독료 선불 및 성금 각출운동을 적극적으로 펴나가자.

동아매스컴 당국이 필요하다고 결단하면 구독료의 인상, 방송청취료제의 채택을 기꺼이 받아들여 노력할 것을 다집하고 동아일보에 알리자.

앞으로 어떤 언론기관이라도 이와 같은 시련을 겪을 때는 똑같은 방법으로 노력할 것을 모든 언론기관에 전화, 편지 등으로 알리고 언론자유를 위해 분기하도록 촉구하자.

1975년 1월 1일

이 광고주는 추후에 김대중 전 대통령으로 밝혀졌습니다.

국민의 열정으로 동아일보가 살아나자 박정희군부는 시위에 참가한 기자를 해고시키라 강요하였고 동아일보는 결국 기자를 해고시켰습니다. 민주언론기자 해직 사건입니다.

이 때 해직당한 동아, 조선의 기자들과 1980년 정부의 언론 통폐합 조치로 강제 해직된 기자들을 중심으로 1987년 10월 발기인 3,342명을 대표하는 56명으로 창간위원회를 구성하여

1988년 2월, 27,223명의 시민이 50억원의 기금을 마련하여 그해 5월 15일, 설립한 신문이 한겨레신문입니다.

동아일보는 이토록 민주시민에게 막대한 빚을 지고 있습니다.

조선일보와 중앙일보와는 상당히 다른 게 아니라 엄청나게 다른 대한민국 민주주의를 대변하는 신문사 였습니다.

동아일보가 명예욕 50. 권력욕 30. 물욕 20 을 지향한다면 대한민국은 세계 최고의 민주주의 공화국이 되고 모범적인 법치국가가 되어 가장 살기 좋은 나라가 될 것입니다

중앙일보를 비롯한 대다수의 신문은 큰 세력을 가진 가문의 가족이 신문사의 경영권이나 권력을 장악하고, 공적 이익보다는 사적 이익을 추구하는 족벌신문(族閥新聞)입니다.

윤석열정부 들어 자유주의 또는 자유민주주의를 통치이념인

양 국민을 호도하고 있습니다. 자유(自由)는 남에게 구속을 받거나 무엇에 얽매이지 않고 자기 뜻에 따라 말과 행동하는 것으로 정의하지만 공공의 이익에 반하는 행위, 이웃에게 피해를 주는 행위까지 인정되지 않습니다. 그래서 씨족사회가 부족사회가 되고 부족이 모여 국가가 되면서 다양한 부족의 규범과 법칙을 객관적으로 정리하여 법을 만든 것은 불편부당한 자유를 제어하기 위함입니다.

돈이 많은 사람이 롤스로이스를 타던 고급 외제차를 타던 법으로 제어하지 않습니다. 공공의 이익에 반하지 않고 이웃에게 피해를 주지 않기 때문입니다. 그러나 국회의원이나 공무원은 돈이 많아도 외제차를 타고 출퇴근 하지 않습니다. 양심의 자유를 저해하기 때문입니다. 자유(自由)라 한다면 광화문이나 대통령관저 앞이나 어디라도 사람이 모여 춤도 추고 노래도 할 수 있습니다. 그러나 차량운행에 지장을 주거나 피해를 주어서는 안되기에 집회허가를 반드시 받도록 하는 것으로 자유를 제어하는 것입니다.

집회를 하면서 각종 쓰레기를 버리는 것은 자유의 개념에서는 자유이지만 쓰레기 수거와 청소함에 있어서 세금을 낭비케 하는 것은 공공의 이익에 저해하는 부당한 행위입니다. 진정한 자유는 자기가 버린 쓰레기는 자기 가져가는 것입니다.

방송대담차량을 이용하여 선거운동을 하면서 자유라며 상대후보 차량의 건너편에 차량을 주차하고 연설을 방해하는 사례가 종종 있어 왔는데 지금은 서로 협의하여 서로 방해되지 않도록 배려하고 있습니다. 이러한 행위가 진정한 자유인 것입니다.

신문사를 설립할 재력이 있으면 규정에 따라 누구든지 정부의 허가를 받아 창립할 수 있습니다.

공공의 이익보다 사익을 위하여 설립을 하여도 문제가 되지 않습니다.

다만, 사익을 위하여 필설로 국민에게 피해를 주거나 위해를 주는 행위는 지양하여야 합니다. 자유를 저해하는 부정한 행위입니다.

대한민국 족벌신문의 사설과 기사를 보면 공통점이 있습니다.

정부와 정당이 배포하는 기사를 여과없이 게재하거나 양대 정당의 기사를 카피하여 게재를 하거나 사설은 특정세력에 우호적인 것이 보편적 입니다.

헤드라인은 항시 자극적이고 특정세력을 폄하하거나 우호적인 세력의 입장을 대변하고 있습니다.

정론직필의 사명감을 가진 기자들의 기사는 데스크에서 관리하고 사주와 사고가 다른 기자는 설자리를 잃어가고 있습니다. 결국 기자는 이에 안주하여 기레기 (쓰레기기사를 쓰는기자)가 될 수 밖에 없습니다.

눈으로 볼수 없고 손으로 만질수 없고 귀로만 들을 수 밖에 없는 국민이 접하는 것은 신문이었기에 신문사의 보도가 곧 민심이 되었습니다.

인터넷신문이 활성화 되면서 그 힘을 잃어갔지만 페이퍼신문에 의존하는 어르신들은 아직도 페이퍼신문에 정보를 의지하고 있습니다.

신문은 신문사와 우호적인 특정세력의 홍보지가 되어 민심을 좌우하게 되어 대한민국의 권력 1위가 언론, 2위가 재벌, 3위가 청와대라는 말이 나올 정도로 강력해졌습니다.

대한민국 제1의 권력은 국민이고, 제2의 권력은 대통령실이고 제3의 권력은 국회입니다. 국회를 제치고 언론이 제1의 권력이라 말함은 대통령과 국회의원을 선출하는 유권자들까지 지배하였기 때문입니다.

윤석열정부들어 언론은 검찰에 밀려 대한민국 권력 1위가 대통령, 2위가 검찰, 3위가 국민의힘이란 말이 나오고 있지만 4.10 총선에서 더불어민주당이 절대다수당이 되면서 대한민국 권력 1위는 국민, 2위는 국회, 3위는 대통령실로 서서히 제자리를 찾아 가는 듯? 보입니다.

언론이 언론 본연의 사명인 정론직필에 출실하여 권력에 맹종하는 모습을 지양하면서 사익(私益)보다는 명예를 지향하거나 동아일보가 명예욕 50. 권력욕 30. 물욕 20을 지향할때 대한민국은 세계 최고의 민주주의 공화국이 되고 모범적인 법치국가가 되어 가장 살기 좋은 나라가 될 것입니다,

제 12 장

주인이 주인다운 주인

주인이 주인답지 못하면 독재가 됩니다

민주주의대한민국공화국의 주인은 헌법 대한민국의 주권은 국민에게 있고, 모든 권력은 국민으로부터 나온다. 에 따라 국민이 주인입니다.

대한민국 주인은 국가로 부터 대한민국 헌법 제10조 인간으로서의 존엄과 가치, 행복의 추구할 권리를 가지고 있습니다.

대한민국 주인은 모든 법 앞에 평등할 권리가 있습니다.

대한민국 협법 제11조 성별, 종교, 사회적 신분, 정치적, 경제적, 사회적, 문화적생활의 차이를 불문하고 차별을 받지 아니하면서 .법 앞에 평등할 권리가 있습니다.

그러함에도

검사를 영감님이라 부르고 변호사를 수임하여 자신이 행한 범죄를 돈으로 정당화 하려는 태도는 주인답지 못한 것입니다.

자신의 범죄에 대하여 자신이 받게될 형을 형량대로 받는것 또한 주인이 하여할 태도입니다.

대한민국의 주인은 대한민국 법률의 주인이기 때문입니다.

국가는 대한민국의 주인이 알기쉽도록 법조문을 순화하고 양형제를 도입하여 자신의 형량이 얼마인지를 알도록 하여 양형을 받아들이는 것이 주인의 도리라는 인식을 고취시키는 것입니다.

대한민국의 주인은 신체자유의 권리가 있습니다. 대한민국 헌법 제12조 법률에 의하지 아니하고는 체포, 구속, 압수, 수색, 심문을 받지 않습니다. 또한 법률과 적법한 절차가 아니면 처벌, 보안처분, 강제노역, 고문을 받지 아니하며 형사상 불리한 진술을 강요당하지 아니합니다.

그럼에도 검사의 기소독점권 등 세계유일의 권한을 이용하여 이를 남용하여 대한민국 주인을 핍박하고 있습니다.

증거인멸의 사유가 없거나 도주의 우려가 없으면 사전구속이나 압수, 수색을 근본적으로 폐지 하여야합니다.

대한민국 주인은 대한민국 헌법 제14조 거주·이전의 권리(자유), 제15조 모든 국민은 직업선택의 권리(자유), 제16조 주거의 자유를 침해받지 않을 권리, 제17조 사생활의 비밀과 자유를 침해받지 않을 권리, 제18조 통신의 비밀을 침해받지 않을 권리, 제19조 양심의 자유를 가지는 권리, 제20조 종교선택의 자유를 가질 권리, 제21조 언론·출판의 자유와 집회, 결사 자유의 권리, 제22조 학문과 예술의 자유를 가질 권리, 저작자, 발명가, 과학기술자, 예술가에 대하여 법률로 보호받을 권리, 제23조 재산권을 법률로 보장받을 권리, 공공필요에 의한 재산권의 수용, 사용, 제한에서 정당한 보상을 받을 권리, 제24조 법률에 따라 선거권을 가질 권리, 제26조 법률에 따라 국가기관에 문서로 청원할 권리, 제27조

헌법과 법률이 정한 법관에 의하여 법률에 의한 재판을 받을 권리, 신속한 재판을 받을 권리, 형사피고인은 상당한 이유가 없는 한 지체없이 공개재판을 받을 권리, 제30조 타인의 범죄행위로 인하여 생명·신체에 대한 피해를 국가로부터 구조를 받을 권리, 제31조 균등하게 교육을 받을 권리, 의무교육에 한하여 무상으로 교육받을 권리, 제32조 근로의 권리, 여자는 근로에서 특별한 보호를 받을 권리와 고용, 임금, 근로조건에 부당한 차별을 받지 않을 권리, 연소자는 근로에서 특별한 보호를 받을 권리, 국가유공자·상이군경 및 전몰군경의 유가족은 법률에 따라 우선적 근로기회를 받을 권리, 제33조 근로자의 자주적인 단결권, 단체교섭권, 단체행동을 할 수 있는 권리, 공무원 근로자의 단결권, 단체교섭권, 단체행동의 권리, 제34조 인간다운 생활을 할 권리, 제35조 건강하고 쾌적한 환경에서 생활할 권리, 제36조 혼인과 가족생활은 개인의 존엄과 양성의 평등의 권리가 있습니다.

그러나 권리 만 행사하고 의무를 다하지 않는다면 주인으로서 자격을 상실하는 것 입니다.

대한민국 주인은 제38조 납세의 의무, 제39조 국방의 의무와 더불어 대한민국 법을 성실히 준수하여야 할 의무가 있습니다.

적으로 부터 생명을 보호하는 비용, 생활의 편의를 위한 시설을 설치하는 비용 생활의 안정과 질서를 유지하는 비용 등 국가를 유지하는 총비용(국가예산)은 주인의 몫입니다. 당연히 세금을 내야하는 것이 주인의 도리입니다. 자신의 버는 것 만큼 그에 따라 세금을 내는 것 또한 주인의 자세이고 도리입니다.

주인이 주인다워야 주인이라 할 수 있는 것입니다.

이것으로 주인이 주인의 도리를 다 하였다 하면 주인이 아닙니다.

지난 70여년 동안 대한민국의 주인은 8할정도 의무를 다해 왔지만 권리는 5할은 커녕 3할도 받지 못하였습니다.

주는 것은 몸에 벨 정도로 익숙한데 받는 것은 알아서 주는 이외 의 것에는 익숙하지 않습니다.

익숙하지 않은 것이 아니라 무엇을 어떻게 받아야 하는지를 모르거나 알아도 포기하여 왔습니다.

국가가 국가의 주인에게 주어야 할 국가의 의무가 어디서 어디까지인지 알려고 하지도 않았고 알아도 말 할때가 없어서 포기하여 왔습니다.

국가가 국가의 주인에게 주어야 할 국가의 의무 또는 책임은 대한민국 헌법 제 10조부터 37조를 제외한 103개 조항 전부입니다.

대한민국 대통령은 대통령에 취임하면서 헌법 제69조에 따라 국가의 의무를 다 하겠다는 헌법수호의 약속을 하고. 국회의원도 국회법 제24조에 따라 국가의 의무를 다 하겠다는 헌법수호의 약속을 합니다.

대한민국 주인이 주인 다우려면 올바른 대통령과 국회의원을 선출하는 것입니다.

대통령도 오욕칠정 모두를 다스리지 못하는 인간이기에 완벽하지 않습니다. 완벽하지 않은 부분을 견제하고 바로잡으며 그 모자란 부분을 채워주는 것이 국회의원입니다.

혈연, 학연, 지연, 정당, 지역을 지양하고 오직 다음 세대와 공공의 이익만을 생각하는 정치가(政治家)를 대통령과 국회의원으로 선출하는 것이 대한민국 주인이 주인다운 주인이 되는 것입니다.

에필로그

정치에도 정석이 있었다. 정치의 정석에 이어 세번째 로 이 책을 씁니다

미국, 중국 땅의 100분의 1 밖에 안되는 조그만 나라
농사를 지을 수 있는 땅이 37% 밖에 안되는 나라
일인당 국민소득 60달러의 나라
6.25 남침전쟁으로 국토는 폐허가 되고 먹을것이 부족하여 외국으로 부터 우유가루, 강냉이가루를 얻어 먹고 헌옷까지 얻어 입던 나라
불과 70여년전 의 대한민국입니다.

이토록 참담했던 대한민국이,
밤잠을 설쳐가며 맨땅에 헤딩하듯 독자적으로 기술을 연구, 개발하여 세계 10번째 안에 드는 경제부국이 되었고, 5번째 손가락에 드는 국방강국이 되었습니다.

G7 (Group of Seven) 국가들이 가장 부러워 하는 나라, 여권 만 보여주기만 해도 대우를 받는 나라가 되었습니다

이토록 위대한 나라를 유지하고 더욱 더 발전 시켜야 하는 이유는 우리의 부모님과 할아버지 할머님은 당신을 위해 사시기 보다 우리를 위해 살아오심에 감사하고 우리는 그 감사함을 기억하여 우리의 아들딸과 손자들의 행복한 삶을 위하여 행동하는 것 입니다.
당신이 대한민국이고 대한민국이 당신이기 때문입니다.

세계 10대 경제부국, 5대 국방강국을 더욱더 발전시켜 우리의 아들딸과 손자손녀들이 행복하게 살아갈 대한민국에 저해되는 부분을 직시하고 이를 개선할 방향을 제시하여 아시아 최고의 나라, 세계 5위의 경제부국, 국방강국을 우리의 후손에게 물려주고자 합니다.

역사를 모르면 발전은 없습니다. 그 속에 반성과 성찰이 있

고 해법이 존재하기 때문입니다.

대한민국민주주의공화국을 알고, 국가와 우리의 부모님과 할아버님 할머님의 고마움과 고난을 알고, 우리의 아들딸과 손자손녀와 기업의 고마움을 알고, 무엇을 어떻게 개선하여야 하는지를 알아야 우리의 아들딸과 손자손녀들이 행복하게 살아갈 수 있는 나라를 물려줄 수 있기 때문입니다.

충북 옥천군 옥천읍 삼금로5길 17

010-2025-6414 민병홍

정치의 정석(3)

초판인쇄일 2024년 9월 2일 초판 발행
지은이 민병홍
충북 옥천군 옥천읍 삼금로5길 17
홍아네출판사
ISBN 979-11-975605-3-8
값 20,000원